꿈을 이루는
긍정의 마법

꿈을 이루는 긍정의 마법

문중호 지음

유아이북스

머리말

"높이 나는 새가 멀리 본다!"

리처드 바크의 《갈매기의 꿈》은 꿈꾸는 자와 그렇지 않은 자의 차원이 다른 삶을 강조하고 있습니다.

꿈이 있는 자가 높이 날 수 있습니다.

꿈이 있는 자가 삶 전체를 조망하며 더욱 차원 높은 삶을 살 수 있습니다.

꿈이 있는 자가 과거를 탓하지 않고, 현재를 허비하지 않으며, 미래를 위해 과감히 투자하는 삶을 살 수 있습니다.

청소년기는 이런 꿈을 탐구하기에 너무도 좋은 시기입니다. 어차피 해야 할 공부가 있다면 그것 또한 진짜 꿈을 만날 수도 있는 좋은 기회입니다. 이렇게 생각할 수 있다면 그는 열린 마음을 가진 긍정적인 사람임이 틀림없습니다.

중요한 것은 지금 당장 내가 무엇을 해야 하는지, 무엇을 할 수 있는지를 자각하는 것입니다.

질문은 문제의식이 있어야 할 수 있지만, 질문하다 보면 거꾸로 문제의식이 생기기도 합니다. 진로는 '내 삶에 대한 문제의식을 느끼고 준비하는 삶'이라고 할 수 있어요. 그것을 멋지게 실천해서 아름다운 결실을 보고자 하는 것이 곧 우리의 '꿈'인 거예요. 개념이 있는 삶과 그렇지 않은 삶의 차이는 딱 한 글자입니다. 바로 꿈!

꿈을 만드는 것도 많은 공을 들여야 하지만, 꿈을 이루어가는 것은 더욱 많은 에너지가 필요합니다. 이 과정에서 쉽게 자신에 대해서 실망할 수 있고 좌절하거나 절망할 수도 있습니다.

저는 이때 비장의 무기가 필요하다고 생각해요. 나만의 고유하고, 독특하며, 창의적인 아이템. 바로 '긍정'입니다.

오뚝이는 어떤 상황이든 긍정합니다. 처음에 많이 기울어질지라도 자꾸 일어나다 보면 중심을 잡을 수 있습니다. 이후 자기만의 스토리를 만들어갈 수 있는 것입니다. 우여곡절 없는 사람이 있을까요? 나보다 더 어렵고 힘든 상황 속에서도 성공적으로 살아가는 사람들은 셀 수 없이 많습니다. 그들의 삶은 일종의 힌트입니다. 하지만 아무리 크고 결정적인 힌트를 주어도 써먹을 줄 모른다면 얼마나 안타까운 일이겠어요?

선명하게Vivid 꿈꾸면Dream 실현Realization된다는 뜻의 R=VD라는 공식이 한참 유행했었습니다. 당연히 지금도 유효하다고 생각해요. 생생하게 꿈꿀 수만 있다면 그 꿈이 어떤 것이든 실제로 이루어질 수 있다는 것에 많은 사람이 열광한 바 있습니다. 이것도 일종의 힌트입니다. 그런데도 생생하게 꿈꾸는 것에 무관심한 사람들은 너무나 많은 것이 사실입니다.

긍정적인 사람들은 항상 가능성의 문을 열어 놓는다고 생각합니다. 그래서 꿈을 이룰 뿐만 아니라 수많은 사람에게 용기와 희망을 줍니다.

획기적인 발명품들을 만들어 인류에 기여했던 발명왕 에디슨, 평발임에도 산소탱크처럼 끊임없이 그라운드를 누볐던 박지성 선수, 아무리 넘어지고 엉덩방아를 찧어도 다시 일어나기를 반복하여 최고의 연기를 했던 김연아 선수도 있습니다.

결국 '긍정'이 답입니다. 꿈이라는 말조차도 긍정이라는 카테고리에 들어있는 것이니까요. 그런데 중요한 것은 접근 방법입니다. '어떻게 긍정할 수 있을까'를 묻는 것도 좋은 방법이지만, 일단 나 자신을 긍정하고, 모든 상황을 긍정하는 것이 우선이라고 생각합니다.

이 책은 여러분의 진로에 훌륭한 영감을 줄 것입니다. 책을 다 읽고도 긍정을 뻔하고 식상한 구호처럼 생각한다면 그 사람에게는 긍정이 더 이상 긍정될 수 없습니다. 이미 검증이 된 긍정의 힘을 내 것으로 만드는 자, 그것으로 꿈을 향해 전진하는 사람이 진정한 진로의 고수입니다.

뭔가 초인적인 노력을 해야 한다고 말하는 것이 아닙니다. 아주 단순하면서 힘이 있어서 누구나 쉽게 경험할 수 있다는 것을 강조하고 있는 거예요. 다만 진짜 꿈, 진짜 긍정을 깨달을 수 있기를 바랄 뿐입니다.

지금도 힘겹게 고군분투하는 많은 청소년을 위해 이렇게 응원하고 싶어요. 진로에 날개를 다세요! 긍정의 날개를 장착하여 마음껏 꿈꾸세요! 생생하게 행복하게 절실하게! 머지않아 꿈이 현실이 되는 마법 같은 일이 일어나게 될 것입니다. 감사합니다.

2024년 6월

지은이 문중호

목 차

3장　긍정이 이끄는 **성공적인 삶**

4장　긍정 진로의 대가

1장

진로에
날개를 달자!

긍정의 재발견

　진로를 생각할 때 빠질 수 없는 것이 '꿈'입니다. 꿈으로 나아가는 과정이 진로라고 할 수 있어요. '꿈'이라는 말 자체에 이미 개척되지 않아서 성취되지는 않았지만 장차 현실이 되었으면 하는 개인의 희망과 의지가 내포된 것입니다.

　어찌 보면 우리의 꿈은 미개척 불모지와도 같아요. 하지만 필요한 능력과 자질을 준비해서 결국 현실로 만들겠다는 것 또한 꿈이에요. 그러므로 꿈이라는 단어 자체가 이미 긍정의 의미가 있다고 생각합니다.

　하지만 우리의 현재는 어떤가요?

　꿈을 이야기하는 것 자체가 부끄러울 정도로 현실은 부정적입니다. 꿈을 이야기하노라면 "너무 순진한 거 아녜요? 현실은 절대 호락호락하지 않아요!"라는 말들이 여기저기에서 들려옵니다. '진로'는 꿈으로 나아가는 길이라고 할 수 있는데 그 꿈길이 생각보다 험난하게 느껴지는 것이 문제입니다. 이런 우리에게 필요한 것은 무엇일까요? 바로 '긍정의 자세'입니다.

긍정이라는 말이 하도 아무 때나 남발되는 것이라서 별 감흥이 없다고요? 네! 바로 그것이 문제입니다. 긍정에 대해 잘 모르면서 그저 인사치레로 사용하는 우리에게 잘못이 있다고 생각해요.

그래서 저는 긍정에 대한 재발견이 필요하다고 생각합니다. 진짜 긍정에 대해 바로 알고, 긍정으로 무장해서 꿈길을 가로막는 장애물과 무관하게 우리의 꿈을 향해 전진할 수 있어야 합니다.

그럼 다시 진지하게 묻겠습니다. 여러분은 '긍정'이 무엇이라고 생각하나요? 단순히 좋게 생각하는 것일까요? 막상 질문을 받으니까 답이 쉽게 떠오르지 않는다고요? 이것은 긍정에 대해 정확하고도 충분한 지식이 없다는 것을 의미합니다.

그럼 다시 생각해 봅시다. 혹시 그동안 자신이 처한 상황을 모면하고 회피하기 위해 긍정을 외쳐온 것은 아닐까요? "좋은 게 좋은 거야!"라고 말하는 사람들의 상당수가 그렇습니다. 이렇게 근거 없고 대책 없는 맹목적 긍정은 바람직하지 않다고 생각해요. 그래서 제가 긍정에 대한 재발견이 필요하다고 주장하고 있는 것입니다.

채정호 가톨릭대 교수는 "진짜 긍정은 현실을 직시하고, 문제를 해결해 나가는 것이다"라고 말했습니다.

살고 있는 한 문제가 없는 사람은 없습니다. 그러므로 그 문제를 직시할 필요가 있어요. **긍정이란, 자신이 가진 문제를 부정하는 것이**

아니라 오히려 '있는 그대로'를 마주하는 것입니다. 현실을 인정하는 용기라고도 할 수 있어요.

어둠은 빛을 좋아하지 않습니다. 어둠은 빛을 부담스러워합니다. 빛으로 인해 어둠이 드러나기 때문이지요. 빛은 그 존재만으로 어둠을 물리쳐 버립니다. 빛을 긍정이라 한다면 어둠은 부정이라고 할 수 있을 것 같아요. 빛과 어둠이 가진 속성이 그렇습니다.

긍정에는 이런 빛의 속성이 있습니다. 빛 가운데 있으면 일단 두렵지 않아요. 모든 것이 밝게 보이기 때문이죠. 그래서 현실을 왜곡하지도 않습니다. 종이호랑이에 불과한 것을 그림자만을 보고 겁먹거나 고양이의 그림자만 보고 호랑이로 착각한 채 기절이라도 한다면 얼마나 창피한 일이겠어요. 하지만 긍정적인 사람은 그럴 가능성이 적습니다.

제가 초등학교 1학년 때 시골식 캠핑을 한 적이 있습니다. 경운기 뒷자리에 지푸라기를 푹신하게 깔고 그 위에 이불을 깐 후 통째로 비닐 천막인 갑바를 씌우는 거예요. 그럼 아주 아늑하고 멋진 캠핑을 즐길 수 있습니다.

그런데 그렇게 낭만적인 캠핑을 하던 중 사건이 벌어졌어요. 새벽으로 기억합니다. 소변이 급했는데 마침 밖에서 부스럭거리는 소리가 들리는 거예요. 지금 생각해 보니 들쥐였던 것 같습니다. 하지만 어린 마음에 눈에 보이지 않는 바깥의 그 무엇은 저에게 이미 괴물이었어요. 귀신이든가 아니면 도깨비임이 틀림없다고 생각했어요.

그래서 밖으로 나갈 엄두를 내지 못한 채 그 자리에서 울기만 했습니다. 삼촌이 아무것도 아니니까 걱정하지 말고 나가서 쉬 하라고 했지만 소용이 없었습니다. 정체불명의 소리는 더욱 두려움을 증폭시킬 뿐이었어요. 그렇게 고집을 피우며 계속 울기만 하자 잠이 깬 삼촌이 짜증이 나셨던 모양입니다. 갑자기 벌떡 일어나시더니 보란 듯이 바깥을 직시하도록 하셨습니다. 갑바를 걷어 올리는 순간 괴물은커녕 아무것도 없었습니다. 밝고 명랑하게 빛나는 밤하늘의 별들이 이렇게 속삭이는 것 같았어요. "이런 바보! 속았구나!"

이것을 볼 때 현실을 마주하고자 용기를 내는 것이 긍정이라고 생각해요. 이렇게 긍정적인 사람은 최소한 어린 시절의 저처럼 속지는 않아요. 안 당해도 될 일을 당하지는 않습니다. 지레 겁먹고 시달릴 일이 없고 1만큼 힘든 것을 10만큼이나 힘들게 되는 어리석음을 피할 수 있습니다.

혹시 1만큼의 힘든 일이 확인된다면 기꺼이 그것을 감당하면 그만입니다. 이렇듯 긍정적인 사람은 자발적입니다. 똑같은 일을 해도 억지로 하면 지겹고 힘든 법입니다. 하지만 자발적인 마음으로 대하면 때로는 즐겁기까지 합니다. 힘들다고 해서 그것이 꼭 나쁜 것은 아니잖아요? 긍정적인 사람은 이것을 체험적으로 알게 됩니다. 이것을 경험한다면 후에 그 이상의 힘든 일이 닥쳐도 겁먹지 않습니다. 그 속에 좋은 것도 있다는 것을 알기 때문이에요. 오히려 스릴을 즐기듯 감당해 버립니다. 바다가 잔잔하면 물론 평안합니다. 긍정적인 사람은 이런 잔잔함도 즐기지만 무섭게 파도가 칠 때 그것을 이용해서 윈드서핑을 즐깁니다. 그러므로 평소 작은 파도가 일렁일 때부터 즐기는 것을 연습해야겠죠? 스릴 있는 삶이 되도록 어려움의 파도를 긍정의 눈으로 바라볼 필요가 있습니다.

그래서 긍정적인 사람은 누구보다도 효율적으로, 효과적으로 선택할 수 있다고 생각해요. 결과물이 좋을 뿐만 아니라 목표를 이루어 가는 과정에서도 충분히 만족할 수 있습니다. '중꺾마'라는 말 들어보셨죠? 중요한 것은 꺾이지 않는 마음이라는 뜻이에요. '긍정'이야말로 '중꺾마'입니다. 이런 긍정으로 진로를 준비한다면 천군만마를 얻은 것이나 다름없는 것입니다.

성공적인 삶은 무슨 일을 하느냐에 달린 게 아니라 무슨 일이든 어떻게 하느냐에 달려있어요. 어떻게 살 것인지 자신에게 질문하면서 어떤 상황 속에서도 좋은 것을 선택할 수 있는 자세가 중요합니다.

억지 긍정은 NO!

여러분은 나쁜 감정이 생기면 어떻게 하나요? 도리도리하면서 부정하나요? 많은 사람이 그 감정을 인정하지 않고자 억누르는 것 같아요. 억지로 긍정을 외치기도 합니다.

하지만 긍정이라는 단어의 사전적 정의는 이렇습니다.

"그러하다고 인정하다."

진짜 긍정의 고수는 억지 긍정을 하지 않아요. 그는 안 좋은 상황을 일단 받아들입니다. 그다음이 중요해요. 긍정의 고수는 '무슨 일이 있어도 헤쳐 나갈 거야'라고 생각합니다.

한자로 보면 좀 더 명확하게 '긍정'을 이해할 수 있어요. 옳게 여길 '긍', 정할 '정'입니다. '긍'에는 '즐기다', '들어주다'라는 뜻이 들어 있다고 해요. 즐기는 마음으로 들어주면서 '옳을 수도 있겠네', '그럴 수도 있겠네'라고 반응하는 것이 진짜 긍정의 의미입니다.

누구나 좌절의 기억이 있을 거예요. 그 좌절을 받아들이는 것은 쉽지 않습니다. 두렵기 때문이지요. 영원히 좌절된 상태로 있을까 봐 두려운 거예요. 안 좋은 상황을 인정해버리면 그게 영원히 계속될까 봐 느끼는 감정입니다. 뭐 하나 잘난 것 없는 자기 모습을 인정해버리면 너무 못나질 것 같아 두렵기도 하겠죠. 하지만 그것은 두려움 때문에 현실을 회피하는 것이 분명합니다. 용기 있는 태도가 아닌 거예요. **오히려 있는 모습을 그대로 받아들일 수 있는 것이 용기라고 생각해요.**

모든 것을 좋고 나쁨으로 나누지는 마세요. 안 좋아 보일지라도 있는 그대로를 긍정하면서 사는 것이 진짜 긍정이니까요. 그리고 그렇게 하다 보면 안 좋아 보이는 것에서도 건질 수 있는 좋은 것들이 눈에 보이기 시작합니다. 아주 기분 좋은 일이지요. 그래서 더 긍정할 수 있게 됩니다. 긍정이 긍정을 낳는 거예요.

감사일기를 쓰면 이런 긍정의 의미를 자연스럽게 이해할 수 있습니다. 모든 것을 감사로 받아들이는 자에게 부정적인 것이 끼어들 수는 없거든요. 나쁜 것인 줄 알았는데 알고 보니 좋은 것인 경우가 실제로 많이 있습니다.

그러므로 상황을 제대로 받아들일 수 있도록 긍정적인 자세를 갖기를 바랍니다. 어떤 일이 일어나더라도 '나에게 좋은 점은 무엇일까?', '어떤 교훈이 있을까?'를 생각해 보세요. 이때 억지 긍정이 아닌 진짜 긍정을 할 수 있게 될 것입니다.

미운 오리 새끼 이야기는 웬만하면 다 알고 있을 것입니다. 어느 연못 가에서 오리 새끼들이 태어나기 시작했어요. 그런데 어찌 된 일인지 외모가 전혀 다른 새끼 하나가 태어났지 뭡니까? 어쨌든 새끼 오리는 오리들 사이에서 태어났고 그 틈바구니에서 자라야 했습니다. 그래서 당연히 오리의 삶을 살았고, 자신이 오리라는 것에 대해 의심의 여지가 없었어요. 하지만 다른 오리들에게 "너 왜 그렇게 생겼어? 참 못생겼다!"라는 말을 자주 들어야 했습니다. 그뿐만 아니라 자신을 미워하고 따돌리기까지 하는 것이었어요. 새끼 오리는 너무 당황스럽고, 슬펐답니다. '나는 왜 이런 모습으로 태어났을까?' 고민하며 방황 했어요. 그렇다고 "너는 오리 새끼가 아니라 백조 새끼구나!"라고 진실을 말해주는 오리도 없었습니다. 심지어 엄마 오리조차도 처음에는 부드럽게 위로해주었지만 점점 차갑게 변해갔지요.

이때 미운 오리 새끼는 '못생겨도 괜찮아! 친구가 없어도 괜찮아! 엄마마저 나를 차갑게 대해도 괜찮아!'라고 억지로 긍정하지 않았어요. '어쨌든 나는 오리야. 엄마도 못생겼다는 이유로 나를 미워하기는 하지만, 나는 오리니까 오리답게 살기 위해 최선을 다할 거야!' 하면서 억지로 자신을 채찍질하지도 않았습니다. 일단 자신이 못생긴 것, 다르게 생긴 것을 인정하고 '그렇다면 어떻게 해야 할까?'를 생각했어요. '혹시 이런 나를 사랑해 줄 그 누군가가 있지 않을까?'에 대한 질문을 끊임없이 했고, 희망의 끈을 놓지 않았습니다. 자신의 질문에 대해 '그럴 수도 있지'라고 긍정하며 여기저기 다니기 시작했어요.

그러다가 진짜 자신을 있는 모습 그대로 사랑해 주시는 할머니를 만나게 되었습니다. 하지만 이번에는 그 집의 닭과 고양이의 괴롭힘 때문에 다시 도망칠 수밖에 없었어요. 그는 강물에 비친 자기 모습을 보면서 한탄했습니다. '왜 나는 이리도 못생긴 것일까? 내가 사랑받을 방법은 없는 것일까?'

새끼 오리는 이후 정처 없이 떠돌아다녀야 했습니다. 추운 겨울날도 버텨내야 했지요. 그러던 어느 날 다시 강물에 비친 자기 얼굴을 보았는데 깜짝 놀라게 되었습니다. 못생긴 오리새끼의 얼굴이 아니라 너무나 아름다운 백조의 모습이 보였거든요. 결국 자신이 오리가 아니라 백조라는 것을 깨닫게 되었습니다.

진짜 긍정은 현실을 일단 인정하고 받아들인 뒤 '그렇다면 어떻게 해야 할까?'를 생각하는 것입니다. 물론 그 과정이 유쾌하지 않을 수 있습니다. 하지만 자신이 처한 상황에서 최선의 결과를 경험할 수 있어요. 상황에 따라서는 생각지도 못한 행운과 기적이 있을 수도 있습니다. 분명한 것은 현실을 부정하는 것도 좋지 않지만 억지로 긍정하는 것도 좋지 않다는 거예요.

미운 오리 새끼처럼 끊임없이 나 자신을 탐구하며 자기 이해 능력을 키우기를 바라요. 언젠가는 여러분도 백조와 같은 면모를 발견하게 될 것입니다.

스톡데일 패러독스

스톡데일은 베트남 전쟁 당시의 미군 장교입니다. 무려 별을 단 장군이었지요. 군대에서 별을 다는 것은 하늘의 별을 따는 것보다 어렵다고들 합니다. 이런 그가 전쟁 중에 포로로 잡혔습니다. 지휘관이었던 그가 포로가 될 정도로 미군은 전쟁에서 고전하고 있었어요. 그는 오랜 포로 생활 후 8년 만에 풀려나게 되었습니다.

포로 생활 중 그가 얻은 깨달음은 '스톡데일 패러독스'라고 불리고 있습니다. 패러독스의 뜻은 '모순'의 의미가 있어요. 뭔가 앞뒤가 잘 맞지 않는 모순된 이야기라는 것입니다.

스톡데일의 깨달음은 한 마디로 무조건 긍정만 하기보다는 합리적으로 긍정해야 한다는 거예요. 전혀 현실적이지 않은 긍정은 너무 허무맹랑해서 자기기만일 수 있다는 겁니다. 어쨌든 부정적인 현실과 긍정적인 미래가 공존한다는 점에서 패러독스라고 불리고 있어요.

포로가 된 스톡데일과 그의 동료들은 무척이나 힘든 나날을 보냈어요. 그들은 잘 갖추어진 감옥에서 생활한 게 아닙니다. 땅을 깊이 파서 만든 토굴감옥에서 지내야 했어요. 그들을 가장 힘들게 한 것은 이런 열악한 환경이 아니었다고 합니다. 가혹한 폭행이나 고문도 아니었지요.

아이러니하게도 그들을 가장 힘들게 한 것은 곧 석방될 것이라는 희망이었어요.

'올해 크리스마스에는 석방되겠지', '아마 부활절에는 집에 갈 수 있을 거야'라는 희망을 품었다가 정작 그렇게 안 되었을 때 실망하게 되었습니다. 점점 절망이 깊어지게 되었어요.

다음에는 추수감사절을 기대했겠지요. 하지만 미국과 베트남의 협상은 계속 결렬되었습니다. 이후 큰 절망감에 빠진 포로들이 병에 걸려 죽어 나가기 시작했습니다.

하지만 스톡데일은 달랐어요. 석방을 기대하는 긍정의 믿음은 있었지만 쉽지 않은 현실도 받아들였어요. 그는 이 지긋지긋한 감옥이 그의 삶의 공간임을 인정했습니다. 그래서 시간 나는 대로 팔굽혀펴기도 하고 다양한 맨손체조도 하면서 건강을 유지하고자 했지요. 그는 긍정적인 미래를 꿈꾸긴 했지만 근거도 없는 가짜 긍정을 의지하지는 않았어요. 열심히 그리고 묵묵히 미래를 준비하면서 하루하루를 살아냈습니다.

그는 그렇게 8년의 감옥생활을 버텼고 결국 자유의 몸이 되었지요. 본국으로 돌아온 그는 별 3개의 장군으로 전역하기까지 영향력 있는 삶을 살았다고 합니다.

우리는 막연하게 "무조건 잘될 거야", "파이팅"을 외칠 때가 있어요. '긍정의 힘'을 습관적으로 말할 때가 얼마나 많나요? 저는 이것이 나쁘다고 말하는 것이 아닙니다. 현재 아무것도 안 하면서 입으로만 긍정을 말하는 진정성 없는 긍정의 모순을 말하고자 하는 거예요. 그러므로 스톡데일 장군의 이 말을 꼭 기억해야 한다고 생각합니다.

"결국 성공할 것이라는 믿음을 잃지 않아야 합니다. 하지만 동시에 해야 할 것이 있어요. 눈 앞에 펼쳐진 힘든 현실을 직시해야 합니다. 그것을 감당할 수 있도록 최선을 다해야 합니다."

삶의 주도권은 준비하는 자에게 주어집니다. 치열하게 준비하는 자 앞에 성공적인 진로가 활짝 열리는 것입니다.

긍정은 **회복탄력성이다**

긍정적인 사람들은 세상에 있는 부정적인 것들을 굳이 부정하지는 않습니다. 무슨 말이냐고요? 내가 원하는 것이 아니라고 해서 밀어내거나 거부하지는 않는다는 거예요. 오히려 얼마든지 안 좋은 일들이 있을 수 있다는 것을 인정하는 것입니다. 사람들은 상대에게 너무 실망한 나머지 "네가 어떻게 그럴 수가 있어?"라고 화를 내거나 극단적으로 절교를 하기도 합니다. 하지만 긍정적인 사람들은 '그럴 수도 있다'라고 생각합니다. 그렇다고 자신이 생각하는 부정적인 것을 옳다고 하는 것은 아니에요. 다만 그런 일이 현실에서 있을 수 있음을 받아들이는 것입니다. 이것은 어디까지나 나 자신을 위해서 하는 것이고, 마음의 여유를 가질 때 가능한 것이지요.

'행복한 이기주의자'라는 말을 들어본 적이 있을 거예요. 자신의 행복을 위해서라면 얼마든지 이기주의자가 될 수 있다는 것입니다. 저는 '행복한 이타주의자'라는 말도 좋다고 생각해요. 왜냐면 나의 행복, 심지어 타인의 행복을 위해서 이타주의자가 되는 것이니까요. 저는 이것을 더 발전시켜서 긍정을 정의합니다. '행복한 이기적 이 타주의'라고요. 이것도 패러독스인가요?

　자신이 듣고 싶은 말만 듣고, 원하는 사람만 만나는 것은 현실적 으로 쉽지 않아요. 새 학년이 되면 모든 친구가 다 나와 잘 맞는 건 아닐 수도 있지요. 새롭게 만나는 선생님들도 100퍼센트 만족하기 란 쉽지 않습니다. 그리고 하루 종일 좋은 말만 들을 수 있는 것도 아니에요. 때로는 기분 나쁜 말, 상처가 되는 말도 듣게 되는 것이 현실입니다. 이런 현실을 원하지 않는다면 산으로 들어가서 자연인 이 된다거나 수도승이 되어야 할 겁니다.

　어차피 우리가 살아가는 세상은 좋은 것과 나쁜 것, 양과 음, 남 과 여 등이 있어요. 그렇다고 해서 이분법적으로 생각하는 것은 아닙 니다. 이것을 인정한다면 그만큼 우리의 생각도 확장되어야 한다는 거예요. 그건 바로 긍정으로 가능하답니다. 그냥 일단 나와 타인의 행복을 위해서 그렇다고 인정하고 받아들이는 거예요. 참 쉽지요?

　인정할 것인가 말 것인가를 놓고 고민하면서 마음고생하느라 들 어가는 우리의 에너지는 상상을 초월합니다. 하지만 나에게 일어난 사건을 있는 모습 그대로 쿨하게 인정하는 거예요. 타조는 머리를 숨 기면 자기가 숨은 줄 착각하지요. 하지만 현실은 그렇지 않습니다. 숨는다고, 감춘다고, 회피한다고 되는 것이 아니더라고요. 엄연히 나의 감정을 억누르고, 상처 주고, 불안하게 하는 것들이 있거든요.

이런 점에서 제대로 된 긍정이 필요하다고 생각합니다.

그래서 제대로 된 긍정은 균형감각을 갖게 하는 저울추와도 같아요. 한 쪽으로 확 기울어 버리면 제대로 된 해석도 쉽지 않고 문제해결도 어렵게 됩니다. 하지만 최대한 객관적인 제삼자의 처지에서 생각하고자 하는 긍정은 다릅니다.

우리는 최대한 감정에 충실하면서 사는 것 같아요. 감정에 솔직한 것은 중요합니다. 그러나 감정에 휘둘리는 것은 바람직하지 않아요. 나의 감정을 잘 읽어줄 필요는 있어요. 부정적인 감정이라고 해서 그것을 애써 거부하는 것도 긍정의 자세는 아닙니다. 다만 감정적으로 반응하는 것을 경계해야 하는 것이지요.

긍정에는 그 안에 이미 '회복'이라는 시스템이 들어있습니다. 오뚝이가 처음에는 거의 쓰러질 듯이 마구 흔들려도 조금씩 흔들림이 줄어들다가 마침내 원래대로 회복되듯이 긍정도 마찬가지입니다. 긍정적인 사람은 이런 회복에 걸리는 시간이 상대적으로 짧은 것이 특징이지요.

이런 회복력을 회복탄력성이라고도 합니다. 영어로는 'resilience'이고 극복 능력이라고도 할 수 있겠어요. 회복탄력성은 크고 작은 많은 시련과 실패를 오히려 도약의 발판으로 삼아서 더 높이 뛰어오르는 긍정의 힘을 의미합니다.

회복탄력성은 야구공을 잡으려는 원리와도 비슷해요. 야구를 잘하는 사람이라면 날아오는 야구공을 잡을 때 뻣뻣한 자세로 잡지 않아요. 마치 공을 끌어안는 듯한 느낌으로 잡습니다. 그래야 충격을 줄이면서 안전하게 잡을 수 있기 때문이에요.

삶을 살다 보면 여기저기에서 돌직구가 날아오기도 해요. "이것도 점수라고 받아온 거니?", "어떻게 이것밖에 못 해?" 등, 실수와 잘못은 누구나 할 수도 있는 것인데 누군가 나에 대해 비난하는 말을 하면 마음에 큰 상처를 받을 수 있어요. 굳이 돌직구가 아니어도 커브처럼 우회적으로 비아냥거리는 말을 해도 우리는 상처 받을 수 있지요.

바로 이때 우리는 위에서 말한 캐치볼의 원리를 사용할 수 있습니다. 내가 원치 않는 것이라고 해서 밀어내듯이 잡는다든지 멍한 상태에서 잡으면 안 돼요. 일단은 끌어안듯이 받아들이는 것이 좋아요. 이것이 바로 회복탄력성입니다.

회복탄력성이 높은 사람은 쉽게 상처받지 않아요. 상처가 되는 상황에서도 금방 회복할 수 있습니다. 그래야 나의 실수에 대해 무엇이 잘못인지 깨닫고 개선할 수도 있는 것입니다. 사람은 실수하면서 성장하는 법이거든요.

이런 긍정의 회복탄력성이 있는 사람은 어떤 환경 속에서도 배우고 성장할 수 있어요. 그의 진로는 탄탄할 수밖에 없습니다. 결국 세상 누구도 당해낼 수 없는 진정한 능력자로 살아가게 되는 것입니다.

긍정은 플러스 발상이다

인생을 결정하는 것은 환경과 조건이 아니라 우리의 '생각'입니다. 물론 환경도 아주 중요하지요. 하지만 볼링에서 킹핀을 넘어뜨려야 스트라이크가 되는 것처럼, 삶을 결정적으로 바꾸는 킹핀은 바로 '생각'입니다. **생각을 어떻게 하느냐에 따라 우리의 미래 모습이 결정되는 것입니다.**

두 형제가 있었습니다. 그들에게는 알코올중독에 폭력까지 하는 아버지가 있었어요. 형제들은 아버지 밑에서 고통받으며 지냈고 세월이 흘러 성인이 되었어요. 그들은 과연 어떤 모습이 되어있었을까요?

한 명은 불행하게도 자신의 아버지와 비슷한 모습으로 살고 있었습니다. 아버지의 삶을 그대로 따라 하고 있었지요. 술 마시고 자녀들을 폭행하는 몹쓸 알코올중독자가 되어 있었습니다. 하지만 또 다른 한 명은 믿을 수 없을 만큼 훌륭한 지식과 인품을 지닌 전문 변호사가 되어 있었어요. 똑같이 불행한 환경과 부정적인 정서 속에서 자랐지만 그들은 사뭇 달랐습니다. 그들의 인생을 차이나게 했던 것은 무엇일까요?

한 명은 '아버지가 술만 마시고 우리를 때리기만 하는데 내가 어떻게 훌륭한 사람이 될 수 있겠어. 어차피 글렀어. 나는 어차피 안돼!'라고 생각했어요. 결국 자포자기하는 삶을 살게 되었습니다.

하지만 다른 한 명은 달랐어요. 그는 '나는 절대 아버지처럼 되지는 않을 거야. 더 열심히 공부해서 꼭 훌륭한 사람이 될 거야!'라고 생각했습니다. 그 결과 그는 힘없는 약자들을 도와주는 훌륭한 변호사가 될 수 있었어요. 그는 '생각'으로 완전히 다른 삶을 살 수 있다는 것을 보여주고 있습니다.

이것이 바로 '플러스 발상'입니다. 우리의 생각을 좋은 쪽으로 이끌어 주기 때문에 붙여진 이름이지요.

《인생의 즐거움을 발견하는 법》에 나온 내용을 소개해 보겠습니다.

"플러스 발상을 하면 인생은 항상 좋은 쪽으로 향하게 된다. 어느 의사의 말에 의하면, 플러스 발상을 하면 뇌 속에서 베타엔도르핀이라는 마약 속에 들어 있는 모르핀 같은 호르몬이 분비되어 기분이 좋아진다고 한다. 플러스 발상의 효과가 의학적으로도 증명된 셈이지만, 한 가지 귀찮은 것은 이 플러스 발상은 습관적으로 하지 않으면 안된다는 것이다. 왜냐하면 인간이라는 것은 어떤 문제가 생기면 무의식중에 나쁜 쪽으로만 생각해 버리기 때문이다."

플러스 발상은 무가 아닌 유에 초점을 맞춥니다. 없는 것이 아니라 있는 것에 더 집중한다는 거예요. 없는 것만 보면서 불평하고 원망하기보다는 있는 것에 감사한다는 것입니다. 플러스 발상은 가난보다는 부유함에 초점을 맞추고 있으므로 하면 할수록 풍요로운 삶을 살게 됩니다.

이런 현상을 '마태복음 효과'라고도 해요. "무릇 있는 자는 받아 풍족하게 되고, 없는 자는 그 있는 것까지 빼앗기리라"라는 성경의 마태복음 25장 29절 말씀을 따라 만들어진 것입니다. 미국 컬럼비아 대학의 로버트 킹 머튼 교수가 '가진 자는 더 많이 가지게 되고, 없는 자는 더 궁핍해지는 현상'을 분석하면서 만든 이름이에요.

이런 플러스 발상을 잘 활용한 대표적 인물이 오프라 윈프리입니다. 그녀는 태어나자마자 부모에게 버림받았어요. 늘 가난했고, 많은 상처와 고난이 있었지요. 열네 살에 미혼모가 되기도 했습니다. 하지만 그녀는 독서를 통해 희망과 용기를 얻으며 사고방식이 플러스 발상으로 변하게 되었습니다. 그녀는 있는 것에 대해 감사하면서 달라지기 시작했어요. 그리고 토크쇼 진행자와 사업가로서 누구보다 성공적인 인생을 살게 되었습니다.

우리에게도 이런 플러스 발상이 필요합니다. 나에게 없는 것, 부족한 것, 잘 안되는 것만 바라볼 것이 아니라 있는 것, 조금이라도 잘되고 있는 것을 바라볼 수 있길 바라요. 이런 긍정적인 생각이 여러분의 진로를 성공적으로 이끌어 줄 것입니다.

긍정은 **재미를 선택한다**

분위기를 나타내는 여러 가지 말이 있습니다. '심각한', '인상 쓰는', '찡그린', '무거운', '죽상' 등 부정적인 분위기가 느껴지는 말들이지요. 이 글을 읽는 여러분의 표정도 덩달아 부정적으로 될 것만 같은 미안함이 느껴집니다. 그래서! 급 분위기 전환을 해보고자 해요. 다음 줄로 Go! Go!

긍정의 분위기도 생각해 봅시다. 긍정은 일단 밝고 가볍습니다. 문제 자체가 가볍지 않을 수는 있어요. 하지만 문제 해결을 위해서는 밝고 가볍게 접근해야 좋습니다. 꼭 문제 해결을 위해 그렇게 할 필요는 없어요. 그냥 해보는 겁니다. 그렇다고 해서 우리에게 주어진 문제들을 깔보고 무시하는 마음이 되어서는 안 되겠지요? 공부의 단계도 수준별로 진행해 나가듯이 문제해결도 일단은 쉽게 시작하는 것입니다.

그럼 가볍게 〈얼굴 찌푸리지 말아요〉라는 노래 한 곡 들어 볼게요.

"얼굴 찌푸리지 말아요. 모두가 힘들잖아요. 기쁨의 그 날 위해 함께하는 친구들이 있잖아요. 혼자라고 느껴질 때면 주위를 둘러보세요. 이렇게 많은 이들 모두가 나의 친구랍니다. 우리 가는 길이 결코 쉽진 않을 거예요. 때로는 모진 시련에 좌절도 하겠지만 우리의 친구들과 함께라면 두렵지 않아…."

어떤가요? 찌푸린 얼굴이 조금 펴지는 느낌인가요? 살다 보면 혼자라고 느껴질 때가 있어요. 우리가 걷는 길이 결코 쉽진 않아요. 모진 시련과 좌절도 있을 것입니다. 하지만!

바로 이 '하지만'이라는 말이 중요해요. 상황을 반전시키는 말입니다. 여러분은 '하지만' 다음에 어떤 말을 하고 싶은가요? 노래에서는 '친구들과 함께라면 두렵지 않다'라고 합니다. 노래의 지은이는 '친구'라는 긍정요소를 발견한 거예요. 여러분도 나에게 있는 긍정요소들을 한 번 찾아보세요.

어떤 사람에게는 '가족'이 될 수 있습니다. 저는 고교 시절 전교생 기숙사학교에 다니면서 힘든 순간들이 많았어요. 그래서 수없이 '포기'라는 단어를 생각했던 것 같아요. 하지만 '가족'이라는 단어를 생각하면서 끝까지 버텨낼 수 있었어요. 그리고 많은 사람이 자신의 '꿈'을 생각하면서 기쁨으로 어려움을 극복하기도 합니다. 그 밖에도 긍정단어들은 아주 많아요. 요즘 핫한 긍정단어는 '재미'가 아닐까 싶습니다.

시험이 끝나면 '재미'있는 영화를 실컷 볼 거야, 수능만 끝나면 '재미'있게 여행할 거야, 뻔한 것은 너무 싫어, 나는 fun한 책을 마음껏 섭렵할 거야 등등.

여러분의 긍정요소는 무엇인가요? 긍정요소가 많을수록 긍정적인 삶을 살아갈 확률도 높아진다고 생각해요. 긍정요소를 최대한 많이 찾아보세요. 그리고 그것을 실생활에서 어떻게 누릴 수 있는 지도 연구해 보기 바랍니다.

여기서는 '재미'라는 긍정요소에 대해 조금 더 생각해 보고자 해요. '재미'에 대한 철학이라고도 할 수 있고, 문제의식이라고도 할 수 있습니다.

김정운 교수는《노는 만큼 성공한다》에서 축제가 사라진 시대의 문제를 지적하고 있어요. 의학이 발전함에도 우울증과 같은 정신 질환이 갈수록 늘어가는 이유는 무엇일까요? 아무리 쉬어도 피곤한 이유는 무엇일까요? 그것은 삶이 축제가 되지 못하기 때문이라고 합니다. 어떻게 삶이 다 축제가 될 수 있느냐고요? 물론 우리의 삶이 다 축제가 되는 것은 쉽지 않습니다. 하지만 '어떻게'를 생각하면 전부는 아닐지라도 대부분을 축제처럼 만들 수 있지 않을까요?

저의 어린 시절은 하루 일과를 놀이로 시작해서 놀이로 마무리했던 것 같아요. 딱지치기, 구슬치기, 숨바꼭질, 미꾸라지 잡기, 활쏘기, 썰매타기, 오징어 땅콩, 옆 동네와 축구시합, 야구시합 등. 뭐 재미있는 것 없을까를 궁리하며 재미있기 위해 온갖 노력을 다했습니다.

저녁을 먹은 후에는 대부분의 아이가 마을회관으로 쏟아져 나왔어요. 그냥 나왔어요. 뭐 재미있는 것이 없을까 정탐하듯 나왔어요. 검둥이와 바둑이도 그냥 따라 나와 꼬리치며 놀았습니다. 그 모습이 반가워서 아이들이 이리저리 뛰어다니면 개들도 덩달아 뛰었어요. 그 당시에 뇌에서 흥분 물질인 아드레날린과 행복 물질인 세로토닌이 마구 흘러나왔던 것 같아요. 이런 삶의 기억들이 '축제'처럼 여겨지곤 했습니다. 마을에 결혼식이라도 열리는 날이면 모두가 즐기는 '진짜 축제'가 벌어졌어요.

시간은 쏜살같이 지나가는 것 같아요. 이렇게 지나가 버린 여러분의 어린 시절이 그립지는 않나요? 영원할 것만 같은 방학도 어쩜 그리 빨리 지나가는 것일까요? 그러므로 매일 우리의 삶 속에 '나만의 축제'를 기획하며 재미를 창조하듯 즐기면서 살아야 합니다. 일상이 다람쥐 쳇바퀴 돌아가는 듯한 똑같음의 연속이 되지 않도록 해야 합니다. 내일을 생각하면 흥분이 되고, 너무 설레서 잠이 안 올 정도가 되어야 한다고 생각해요. 그래도 설레지 않으면 설레임 아이스크림이라도 먹으면서 내일의 축제를 계획 해보는 겁니다. 그럼 조금은 달라질 수 있어요. 어쩔 수 없이, 마지못해, 억지로 해야만 하는 일상의 연속은 얼마나 고통인가요? 이 때문에 벌써 피곤함을 호소하게 된다면 그것은 분명 정상이 아닙니다.

어떤 일이든 시켜서 하는 일은 우리 뇌가 귀신같이 알아차립니다. 그러고는 노르아드레날린이라는 호르몬을 만들어 낸다고 해요. 일종의 스트레스 호르몬입니다. 문제는 이 호르몬 때문에 시냅스에서 분비되는 아세틸콜린이라는 정보전달 물질이 차단된다는 거예요. 그럼 학습회로가 닫혀버리게 되고, 학습을 위해 더 이상 집중할 수 없게 됩니다. 이런 스트레스 호르몬이 계속 분비된다면 어떻게 될까요? 결국에는 우리 몸이 망가집니다. 폭력적으로 바뀌고 비인간적이 됩니다. 현대의 인간성 상실 문제는 바로 이런 스트레스 문제 때문이기도 합니다.

하지만 좋아서 자발적으로 공부할 때 우리 뇌에서는 세로토닌이 나온다고 해요. 세로토닌은 대표적인 행복 호르몬입니다. 지적 욕구를 가지고 재미있게 공부하는 사람에게는 이런 행복 호르몬이 나오는 거예요.

그러므로 우리는 스트레스를 느낄 때마다 잘 해소할 필요가 있습니다. **나아가 삶의 모든 것을 긍정적인 자세로 즐길 수 있어야 해요. 이것이 미래를 살아갈 여러분에게 가장 큰 경쟁 무기가 된다고 생각합니다.** 재미있게 공부하는 사람에게는 스트레스보다 행복감이 앞서기 때문입니다. 물론, 공부는 열심히 하면 잘할 수 있어요. 하지만 열심만이 최고는 아닙니다. 공부를 마치 놀이 하듯 재미있게 하는 사람을 이기기란 쉽지 않거든요.

상담하다 보면 학생들이 가장 힘들어하는 부분이 바로 이 부분이었습니다. 스스로 알아서 잘하고 싶은데 그렇게 못한다는 거예요.

하지만 우리의 이런 모습을 일단 긍정할 필요가 있습니다. 그런 자신을 판단하고 다그친다고 해결되는 문제가 아니기 때문이에요. 당장 필요한 것은 '공부와 삶'에 대한 희망적이고, 긍정적인 자세입니다. 이것을 위해서 스스로 작은 축제를 기획해 보면 어떨까요? 미리 자신에게 축전을 보내는 것입니다. 아니면 스스로 상장을 수여하는 거예요. 자신의 다짐을 외쳐도 보고 그것을 기념하는 셀카도 찍고 축하 케이크 커팅식도 해보는 거예요. 축제 느낌이 나지 않나요?

이렇게 날마다 축제하듯 사는 거예요. 자신의 꿈을 생각하면 너무 흥분되고, 그 꿈 때문에 얼굴에 미소가 생기는 자기 모습을 생각해 보세요. 순간순간 스트레스보다는 열정을 느끼고, 공부와 시험마저도 신이 나서 재밌다고 호들갑을 떠는 여러분이 되면 정말 좋겠습니다.

긍정을 선택해야만 하는 진짜 이유

"왜 긍정을 선택해야만 하는 걸까요? 과학적인 근거라도 있는 건가요?"라고 묻는 사람이 있을 것입니다. 당연히 있습니다. 일명 '곰팡이 실험'이 확실한 근거가 될 수 있다고 생각해요.

저도 책을 읽다가 '과연 그럴까?'하는 강한 호기심이 생겼습니다. '혹시 거짓말 아닐까?'하는 의심도 있었어요. 어떤 일에 대해서 이렇게까지 의문이 든 것은 처음이라 자신도 놀랐습니다. 어쨌든 저는 두 눈으로 직접 확인하기로 했어요. 실험은 일명 '곰팡이 실험'이었습니다. SBS기자들이 진행한 음성언어 실험은 이미 방송을 통해 본 기억이 있었어요. 그래서 이왕이면 한 단계 높은 수준의 실험을 하고자 했지요. 바로 문자언어실험!

우선, 같은 양의 밥을 두 개의 페트병에 넣고 랩으로 밀봉했습니다. 페트병의 종류와 크기, 밥의 양, 병을 놓은 위치 등 모든 조건을 똑같이해서 관리했어요. 유일하게 달리한 것은 문자뿐이었습니다.

A실험군엔 '감사', '사랑', '행복'이라는 긍정의 문자를 붙였고, B 실험군엔 '망할', '나쁜 놈', '짜증 나'라는 부정의 문자를 붙였습니다. 그리고 사흘이 지났어요. 뭔가 변화가 느껴지는 정도였습니다. A실험군에서는 오렌지색 곰팡이가 생기기 시작했습니다. 그러나 B실험군에서는 아무런 변화가 없었지요. 누군가의 실험결과를 재확인하는 것이었음에도 왠지 초조한 마음은 감출 수가 없었습니다. 하지만 불과 며칠 후 실험결과는 아주 극명하게 드러났어요.

긍정의 문자를 붙인 A실험군은 예쁜 오렌지색 곰팡이가 향긋한 냄새를 풍기지만, 부정의 문자를 붙인 B실험군은 시커먼 곰팡이가 지독한 악취를 풍기고 있었습니다. 마치 시궁창 냄새 같아서 잔뜩 찡그린 표정이 되어 고개를 돌릴 수밖에 없었어요.

이 결과를 보고 놀라지 않을 수 없었습니다. 너무 신기했어요. 이런 실험 결과를 보고도 나의 언어생활에 변화가 없다면 그것이야말로 어리석은 자의 모습이라고 확신했어요. 학생들을 가르치는 교사로서 이 부분을 간과한다면 교사로서 직무유기라는 생각까지 들었습니다. 그래서 저는 경어쓰기 운동, 칭찬일기 쓰기, 좋은 깨달음 찾기 캠페인, 긍정으로 골인하는 억울상자 등을 진행하였습니다.

실험 결과를 다시 정리해 보겠습니다. 실험은 말이 얼마나 중요한가, 심지어 글자도 글자 나름이구나! 모든 것이 에너지를 가지고 있다고 하는 것을 깨닫게 해줍니다. "좋은 말을 해야 한다", "긍정적인 생각과 말을 해야 한다"라는 말을 너무 많이 듣다 보니 별 감흥 없이 듣게 되는 경우가 많았던 것 같아요. 하지만 이제는 아닙니다. 내가 하는 긍정의 말 한마디가 얼마나 큰 위력을 가졌는지 알게 되었어요. 여러분이 적는 희망의 글도 큰 힘을 가지고 있습니다. 이제는 우리 삶 속에서 실행하는 것만 남았어요. 확신에 따라 움직여 보시고 아직도 믿기지 않는다면 여러분도 직접 실험해 보시기를 바랍니다.

긍정적인 말과 글에는 좋은 에너지가 있고, 부정적인 말과 글에는 나쁜 에너지가 있음이 분명합니다. 사람들은 건강을 위해서 좋은 것을 골라 먹기도 합니다. 비싼 값을 치르면서까지 기꺼이 그렇게 합니다. 하지만 긍정의 말은 돈이 들지 않아요. 내가 하는 긍정의 말은 남이 듣고, 나도 듣습니다. 일거양득의 효과가 있어요. 긍정의 말과 글은 사람을 변화시키는 힘이 있습니다. 진정 영향력 있는 삶은 바로 확신을 두고 긍정의 언어를 마음껏 표현하는 삶인 거예요.

꼭 배워야하는 긍정의 힘

긍정은 낙천적인 것과는 비슷한듯 하지만 본질적으로 다릅니다. 긍정은 어떤 상황을 만나더라도 좋든 안 좋든 그것을 받아들이되 반드시 좋아질 수 있다는 것을 의지적으로 믿고 노력하는 거예요. 하지만 낙천적인 것은 '어차피 좋다, 그냥 좋다'고 생각하는 것입니다.

예를 들어 긍정적인 사람은 "내일 세상의 종말이 오더라도 나는 한 그루의 사과나무를 심겠어!"라고 말합니다. 개인의 분명한 의지가 느껴지지요? 내일 비록 종말이 오더라도 희망을 잃지 않고 무엇인가를 준비하겠다는 거예요. 하지만 낙천적인 사람은 다릅니다. '내일 세상의 종말이 온다고 하는데 나는 그렇게 생각하지 않아. 내일 좋은 일이 있을 거야. 모든 게 좋아질 거야'라고 생각합니다. 따라서 낙천적인 사람이 무언가를 치열하게 준비하는 일은 그리 많지 않은 것 같아요.

긍정이 낙천적인 것과 결정적으로 다른 한 가지를 다음과 같이 정리해 보겠습니다.

'긍정은 연습과 훈련으로 더 강하게 될 수 있다.'

낙천적인 것은 하나의 성격이므로 억지로 바꾸기가 쉽지가 않아요. 하지만 긍정은 다릅니다. 배우고 익히고 연습하면 나아질 수 있습니다.

〈스타워즈〉 에피소드5에는 요다가 루크에게 '긍정의 힘'을 가르치고 있는 장면이 나옵니다. 요다는 작고 못생긴 외계인의 모습을 하고 있어요. 하지만 대상을 외모로 판단할 일은 아닙니다. 이래 봬도 그는 공화국을 수호하는 자들인 제다이의 정신적 지주이자 스승이었습니다. 등장인물들은 에너지를 뜻하는 포스를 다루기도 하는데 요다는 그중 가장 강력한 포스의 소유자이기도 하지요. 900살이나 된 요다는 수많은 제다이의 기초훈련을 담당해 왔습니다.

이런 요다가 루크에게 긍정을 가르치고 있었어요.

루크는 작은 것들을 움직일 수 있게 되었습니다만 늪에 빠진 우주선을 꺼내보라는 요다의 말에 기겁합니다.

여기서 두 주인공이 사용하는 말들을 살펴보고자 해요.

먼저 루크입니다. "요다, 저 우주선은 도저히 못 꺼내요. 포스로는 절대 꺼낼 수 없어요", "못 하겠어요, 너무 커요", "믿을 수가 없어요."

다음은 요다의 말입니다.

"불가능하다고 생각하면 가능한 일도 절대 이루어지지 않아!",

"크기는 중요하지 않아!"

자신의 힘을 믿을 수 없었던 루크는 고개를 저으며 포기하고 주저앉습니다. 하지만 요다는 보란 듯이 늪에 빠진 우주선을 끌어 올립니다. 넋 나간 듯 놀란 표정으로 이 모습을 지켜보는 루크의 모습이 아주 인상적입니다.

물론 우리가 가진 힘은 무한대가 아니에요. 인정합니다. 한계가 있어요. 하지만 자신이 가진 능력을 제대로 알지 못해서 충분히 발휘하지 못한다면 참으로 안타까운 일입니다. 요다가 루크에게 지적한 것은 바로 그거예요. 해보지도 않고 지레 겁부터 먹고 포기하는 것, 더 이상 도전하지 않는 것을 경계하고 있습니다.

요다가 루크에게 가르치고자 했던 핵심은 바로 '긍정의 힘'이었어요. '나도 할 수 있다'는 강력한 의지를 가져야 한다는 것이었지요.

혹시 우리도 루크처럼 보여지는 것에 겁먹고 할 수 없다고 믿어버린 것은 아닐까요? 긍정의 힘이 있는지 없는지에 따라 우리의 삶은 희비가 엇갈립니다. **그러므로 긍정을 열심히 배워야 한다고 생각해요. 무엇이든 할 수 있다고 생각하고 도전해 봐야 합니다.** 운명과 상황에 굴복하기보다는 내가 잘 모르는 기회와 희망의 문이 있음을 믿고 적극적으로 찾고 두드려 보세요. 반드시 긍정의 힘을 체험하게 되는 날이 올 것입니다.

빨간머리 앤의 말말말

소설《빨간 머리 앤》의 주인공인 앤은 감성이 풍부하고 무척 수다스러웠어요. 말썽을 일으킬 때도 있지만, 꾸밈이 없고 열정적인 소녀였지요. 사실 앤은 어릴 때 부모를 잃고 여러 집을 전전하다가 고아원에서 생활하고 있었습니다. 누구보다 부정적일 수 있는 상황이었지만 앤은 그렇지 않았어요. 그녀의 빨간 머리색깔만큼이나 개성 있는 성격을 지니고 있었지요. 이런 앤의 순수한 매력 덕분에 매튜와 그의 누나인 마릴라가 그녀를 입양하게 되었답니다.

앤은 물론 소설 속 인물이긴 하지만 그녀가 뱉어내는 긍정 메시지는 우리를 깜짝깜짝 놀라게 하는 것 같아요. 그럼 앤의 긍정 메시지를 들어볼까요?

✦ 첫째, 생각대로 되지 않는 세상

> 일이 생각대로 풀리지 않자 앨리자가 말했어요.
> "세상은 생각대로 되지 않아!"
> 이 말을 들은 앤도 말했어요.
> "하지만 생각대로 되지 않는 것은 정말 멋진 것 같아요. 왜냐하면
> 생각지도 못했던 일들이 일어난다는 거니까요."

앤이 말하는 기대감은 한 마디로 설렘 아닐까요? 앤의 생각대로 하루를 산다면 그 하루가 설렘으로 가득하게 될 것만 같습니다.

✦ 둘째, 정말로 행복한 날

> '정말로 행복한 나날은 무엇일까?'라고 앤이 생각했어요.
> 그리고 스스로 다음과 같이 답을 했습니다.
> '정말 행복한 나날은 멋지고 놀라운 일이 일어나는 날이 아니라,
> 진주목걸이의 진주가 하나씩 꿰어지듯이 소박하고 사소해 보이
> 는 작은 기쁨들이 이어지는 날인 것 같아요.'

이젠 사소한 것에서도 기쁨을 찾아봐야겠어요. 그러려면 눈을 크게 떠야겠지요? 매일 행복한 나날이 될 것만 같은 느낌이 팍팍 듭니다.

✢ 셋째, 더 나쁜 것

이번엔 린드 아주머니와 열띤 토론이 벌어졌네요. 린드 아주머니가 먼저 다음과 같이 말했어요.

"나는 아무것도 기대하지 않아. 기대하지 않으면 더 이상 실망할 일도 없을 테니까 오히려 그게 낫다고 생각해."

하지만 앤의 생각은 달랐어요.

"저는 실망하는 것보다 아무것도 기대하지 않는 게 더 나쁘다고 생각해요."

실망할 때 하더라도 뭔가를 기대할 수 있다는 것 자체가 우리를 행복하게 하는 것 같습니다. 실망할까 봐 아무것도 하지 않는 것은 왠지 겁쟁이 같아요. 더 이상 기대할 것이 없는 삶은 너무 지루하고 밋밋하지 않나요?

세상은 절대 만만치 않아요. 내 생각대로 되지만은 않죠. 그래서 쉽게 부정적으로 되는 것 같아요. **하지만 생각지도 못했던 일들이 일어나는 것도 세상입니다. 그래서 세상이 멋지다고 생각해요. 그러므로 나에게 일어나는 모든 것들을 사랑해야겠어요.** 사소한 것들까지도요. 그 속에서 작은 기쁨들을 찾다 보면 정말 행복한 날이 될 수 있거든요.

실수로 탄생한 포스트잇

스펜서 실버는 1970년대 3M이라는 회사의 상품개발팀 연구원이 었습니다 어느 날 그는 접착제를 만들기 위해 여러 재료를 섞기 시 작했어요. 하지만 비율을 잘못 맞춘 탓에 불량품이 되고 말았습니 다. 접착력이 너무 약해져 버린 거예요. 접착제라고 하기에는 부끄 러울 정도였습니다. 결국 그 불량 접착제는 공장 한구석에 방치 되 어버렸습니다.

그런데 그의 동료인 아트 프라이가 악보를 건드리지 않으면서 필 요한 부분만을 표시하는 방법을 찾고 있었어요. 그러던 중 이 접착 제 같지 않은 접착제에 관심을 두게 되었습니다. 우연히 아담한 종 이에 접착제를 발라 붙였더니 악보를 상하지 않으면서도 아주 쉽게 붙였다 뗐다를 할 수 있었어요.

프라이는 얼마 후에 상사에게 보고서를 올릴 일이 있었는데 그날 따라 이 종이를 사용하고 싶었습니다. 그래서 질문이 있는 페이지에 그 작은 종이를 사용했습니다. 상사도 이 종이에 답을 적어서 보내주었답니다.

이때부터 이 회사에서는 이런 방식의 의사소통이 유행되었어요. 회사 안에서 자연스럽게 상품의 효과성이 충분히 입증될 수 있었습니다. 그리고 오늘날 전 세계적인 히트상품이 되었던 거예요. 누구든지 어디에서나 편하고 자유롭게 포스트잇을 사용하고 있습니다.

실패처럼 보였던 접착제였지만 그 속에는 생각지도 못했던 성공이 들어 있었습니다. 정말 빨간 머리 앤이 말한 것처럼 생각지도 못한 일이 벌어졌어요. 세상에는 '완전한 실패'라고 부를 정도의 실패는 없다고 생각해요. 다음은 에디슨의 말입니다.

"영원히 실패하는 것은 아무것도 없으며 실패란 효과가 없는 방법을 하나 더 발견하는 과정에 불과하다."

정말 문제가 되는 실패는 '습관적인 실패'입니다. 아무 생각 없이 실패를 받아들이고, 이후 똑같은 실패를 반복하는 것이야말로 진짜 실패라고 할 수 있어요. 실패를 어떻게 받아들이느냐에 따라 얼마든지 성공으로 바뀔 수 있습니다. 그러려면 실패를 두려워하기보다 디딤돌 삼아 또 다른 도전을 할 수 있어야 해요. 분명 새로운 기회가 나타날 것입니다. 실수했다고 해서 너무 부끄러워도 말고, 기죽지도 마세요. 여러분의 실수가 여러분을 제2의 에디슨, 제2의 스펜서 실버가 되게 할 수도 있으니까요.

제가 초등학교 4학년 때 학교에서 그림그리기 대회가 있었어요. 그림에 소질은 없었지만 정말 잘하고 싶은 마음이 있었습니다. 솔직히 상을 받고 싶었어요. 하지만 그날도 저의 작품은 형편없었습니다. 실수로 물감을 떨어뜨리는 바람에 엉망이 되었지요. 심지어 시간까지 너무 촉박했습니다. 그런데 그날따라 이상한 마음이 들었어요. 지금 생각 해보니 '할 수 있다고 생각하고 도전하기'를 했던 것 같아요.

그러자 갑자기 대담해졌습니다. 내가 하는 붓 터치가 예사롭지 않게 느껴졌어요. 신중하게 색을 고르느라 시간을 너무 많이 써버렸는데 갑자기 신들린 사람처럼 팍팍 색이 정해졌습니다. 심지어 실수로 물감을 떨어뜨렸던 부분마저도 참신한 효과처럼 둔갑시킬 수 있었어요. 이런 식으로 끝까지 도전했지요. 짧은 시간이었지만 참 재미있게 느껴졌습니다. 결과는 어떻게 되었을까요? 평소 주목 받지 못했던 제가 상을 받게 되었습니다. 정말 색다른 체험이었어요. 실패라고 생각했는데 그것이 성공으로 바뀔 수도 있다는 것을 깨닫게 되었습니다.

〈쇼미더머니 6〉에서 우승한 비와이는 그의 노래 〈fake〉에서 다음과 같이 노래했습니다.

"God makes no mistake, God makes no mistake."

모자이크 작품은 가까이에서 보면 언뜻 엉망진창 같아 보입니다. 하지만 조금만 거리를 두고 보면 비로소 멋진 예술작품으로 보이지요. 우리 눈에는 실수와 실패같이 보이는 것들이 어쩌면 걸작이 탄생하기 위한 필연적인 과정일 수 있음을 기억하기를 바랍니다.

과자가 감사를 만나면

　일본의 다마고 보로라는 과자는 아주 특별한 과자입니다. 제조 과정에서 100만 번이나 '감사합니다'라는 말을 듣게 한다고 해요. 어찌 보면 너무 엉뚱한 이야기 같죠? 과자에게 '감사합니다'를 듣게 한다? 과자에게 귀가 있나? 도무지 이해가 안 됩니다.

　하지만 에모토 마사루 박사의 《물은 답을 알고 있다》라는 책을 보면 이해가 될 것도 같습니다. 단순히 좋은 말, 긍정적인 말을 물에 들려주고, 또는 그런 글자를 보여주기만 해도 물의 분자는 아름다운 육각형이 되었습니다. 육각수가 가장 좋은 상태라고들 하는데 건강한 물의 상태가 되는 것입니다. 제가 직접 실험했던 밥 실험에서도 긍정적인 문자의 효력은 이미 과학적으로 입증되었습니다. 그래서인지 다마고 보로는 불티나게 팔렸다고 해요.

　모든 말과 글에는 에너지가 있습니다. 그래서 좋은 말이 나를 힘

있게 하고, 나쁜 말은 나에게 깊은 상처를 주기도 하는 거예요. 다마고 보로 과자를 만든 다케다 씨는 이 사실에 착안하여 매우 특별한 과자를 만들었던 것입니다.

하루에 '감사합니다'를 3000번 말하면 그 삶이 몰라보게 바뀐다고 합니다. 부정적인 사람이 긍정적인 사람이 되고, 삶을 비관하던 사람이 희망을 이야기하며 도전하는 일이 일어나요. 저도 여기에서 영감을 얻었습니다. 3000번을 말하려면 최소 40분은 걸립니다. 그건 좀 무리가 될 수 있겠어요. 그럼 하루에 100번은 어떨까요? 길어야 2분 정도만 투자하면 됩니다. 그건 할 수 있지 않을까요? 밑져야 본전이라는 생각으로 시작해 보면 좋겠습니다.

실제로 저희 학급에서 이렇게 해본 적이 있습니다. 아이들은 흔쾌히 해보겠다고 했어요. 무척 흥미로운 감사 타임이 되었습니다. 똑같은 말을 무한반복 하는 것인데도 지겨워하는 아이가 없었어요. '감사합니다'의 억양을 창의적으로 다양하게 바꿔가며 말하는 모습을 볼 수 있었고 그 때의 얼굴은 최근 보았던 아이들 표정 중 최고였습니다.

이후로 저는 아무 때나 '감사합니다'를 연발했습니다. 복도를 지나면서 마주치는 아이들에게 "감사합니다", 화장실에서 곁눈질하며 "감사합니다", 심지어 벌점을 주면서까지도 "감사합니다", 기특해서 "감사합니다", 볼 수 있어 "감사합니다!", 함께 공부할 수 있어 감사! 감사감사감사! 그랬더니 아이들도 감사 전도사라도 된 듯 따라 하기 시작했어요. 다른 반 아이들에게도 감사! 감사! 만나는 아이들에게 감사를 외쳤습니다. 다른 반 아이들의 당황한 표정을 목격할 수 있었답니다.

말을 들은 사람의 뇌는 그 말에 대해 반응한다고 해요. 왜 감사하다는 거지? 그러다가 감사할 만하니까 감사하겠지 하면서 감사의 이유를 판단한다고 해요. 그래서 감사 호르몬이 분비되고 결과적으로 그 사람을 행복하게 만든다는 것입니다.

딱 2분이면 됩니다. 그럼 상황과 무관하게 행복해집니다. '감사합니다'라는 말만 외쳐도 되고 감사의 이유를 들어 감사를 외쳐도 됩니다. 이젠 실천만 남았습니다. 뭔가 혁신을 바란다면 실행을 선택하세요. 삶을 개척하고 다스릴 힘이 생깁니다. 그 힘으로 여러분의 학창 시절을 특별하게 만들 수 있을 거예요.

웃음은 긍정심 유발의 기폭제

긍정이라는 발상의 전환 중 하나가 '웃음'이에요. 웃음은 긍정심 유발의 기폭제입니다. 아무리 심각한 상황일지라도 일단 웃으면 끝입니다. 웃을 수 있게 된다면 위기 상황은 곧 종료가 되고 말아요. 웃음 덕분에 파괴된 관계성이 급히 회복되는 경우가 많습니다. 웃음은 우리의 모든 전투적 긴장 상태를 무장해제 시키곤 합니다. 그래서 잘 웃는 사람들이 성공적인 삶을 살 수밖에 없어요.

그러므로 성공적인 삶을 원한다면 '웃음'에 대해서 잘 이해할 필요가 있습니다. 자신도 잘 웃는 사람이 되어야 하는 것은 물론이고 나아가 다른 사람이 웃을 수 있게 만들어야 합니다.

사람은 왜 웃는다고 생각하나요? 웃기니까? 행복하니까? 좋으니까?

윌리엄 제임스William James라는 철학자는 이렇게 말했어요

"사람은 행복해서 웃기도 하지만, 웃기 때문에 행복하다."

웃을 만한 이유가 있어야 웃을 수 있다고 생각했는데 그 생각이 꼭 맞는 것은 아닌가 봐요. 굳이 이유가 없어도 우리는 웃을 수 있습니다. 동의 하시나요? 우리는 실없이 웃고 다니는 사람들을 가끔 봅니다. 남들이 어떻게 생각하든 이렇게 웃을 수 있다면 행복은 저절로 따라오는 것입니다.

웃음 요법 치료사들은 사람이 한 번 웃을 때 운동 효과가 에어로빅 5분의 운동량과 같다고 주장하고 있어요. 미국 스탠포드대 윌리엄 프라이|William Fry박사는 사람이 한바탕 크게 웃을 때 몸속의 650개 근육 중 231개 근육이 움직여 많은 에너지를 소모한다고 해요.

웃음은 인간만이 가지고 있는 고유한 특성입니다. 웃음은 병균에 저항하는 '인터페론 감마'라는 물질을 분비 한다고 해요. 그래서 각종 바이러스를 퇴치한다고 합니다. 또, 웃음은 엔도르핀을 만들어서 면역력을 높여주고 암과 성인병도 예방해 주지요. 그것뿐인가요? 세상에서 가장 효과가 좋은 피로회복제이자, 지속성 강한 심리안정제입니다. 심지어 억지로 웃어도 엔도르핀이 나온다고 하니 안 웃을 수가 없습니다.

독일 만하임 대학교의 스트락교수는 재미있는 실험을 했어요. A그룹의 학생에게는 입술 사이에 펜을 물도록 했고, B그룹 학생에게는 치아 사이에 펜을 물도록 했습니다. 어떤 차이가 있는 것일까요? A그룹은 입술로 펜을 물었기 때문에 마음껏 웃을 수 없는 상태였습니다. 반면 B그룹은 치아 사이에 펜을 물고 있었기 때문에 웃음 근육을 항상 사용해야만 하는 상태였지요. 이후 재미있는 영화를 보여주었습니다. 실험 설계대로 A그룹은 웃기는 장면이 나와도 잘 웃을 수 없었어요. 하지만 B그룹은 웃기는 장면은 물론 그렇지 않은 장면에서도 웃어야만 했고 마음껏 웃을 수 있었습니다.

이후에 스트락교수는 학생들에게 영화가 재미있었는지 물었어요. A그룹은 "별로 재미없었다"고 대답한 반면, B그룹은 "너무 즐거웠었고, 기대 이상으로 재미있었다"고 대답했습니다.

이렇듯 억지로라도 미소를 지으며 웃고자 하면 모든 것이 긍정적으로 느껴집니다. 그래서 모든 웃음은 힘들고 어려운 상황을 밝게 만들어 주는 긍정의 묘약이라고 할 수 있어요. 마음이 힘들 때 그냥 한 번 웃어보세요. 혹시 시험을 망쳤더라도 거울을 보면서 입꼬리를 올려보세요. 치아 사이에 펜을 물어봐도 좋겠네요. 아니면 배꼽 잡으며 신나게 웃을 수 있는 코미디 영상을 시청해 보세요. 분위기가 급히 전환되는 것을 느낄 수 있을 거예요. 이런 원리를 잘 활용한다면 여러분은 어디를 가든지 행복의 근원이 될 수 있습니다. 밝고 긍정적인 분위기를 퍼뜨리는 긍정 유발자요, 행복 유발자가 될 수 있음을 기억하세요!

긍정이 희망이다

　나렌드라 자다브는 인도인입니다. 그는 인도의 신분제도인 카스트 제도에서 최하부류의 천민인 '불가촉천민'입니다. 심지어 그들의 손이 닿는 곳은 무엇이든 오염된다고 생각했으며 불가촉천민은 신도 버린 사람들이라고 불렸어요.

　그의 어린 시절 첫 번째 꿈은 갱 단원이 되는 것이었습니다. 전기도 없는 빈민가에서 보고 배운 것은 주로 깡패들의 주먹다짐이었어요. 이렇게 깡패를 꿈꿀 수밖에 없었던 그가 인도 최고의 경제학자가 되어, 동양의 옥스퍼드라 불리는 푸네 대학의 총장이 되었습니다. 심지어 유력한 차기 총재로 물망에 오르기도 했습니다. 무엇이 그를 이렇게 만들었을까요?

　바로 교육의 힘을 믿고 자녀들을 열성적으로 교육한 아버지 덕분이었지요. 아버지는 노동의 모든 품삯을 자녀교육에 투자할 만큼 극성이었습니다. 그는 불가촉천민의 아버지라 불리는 암베카 박사의 말에 크게 영향을 받았습니다.

"교육만이 신분을 뛰어넘을 수 있는 유일한 방법이다."

그래서 결국 각고의 노력 끝에 자다브는 불가능을 가능으로 바꾸는 기적을 이룰 수 있었습니다. 그는 이런 명언을 남겼다고 해요.

"내 운명에 손대지 마라. 내 운명은 그 누구도 아닌 내가 만든다."

링컨 또한 매우 어려운 환경에서 자랐습니다. 정식 학교에 다녀본 적이 없었지요. 다만 책을 좋아했던 그는 독학을 통해 측량기사도 되고, 변호사도 될 수 있었습니다. 교육받을 만한 형편이 아니었지만 스스로 독하게 독학하면서 교육을 받을 수 있었어요. 그가 읽은 《톰 아저씨의 오두막》은 그에게 '노예해방'이라는 큰 꿈을 갖게 해주었습니다.

《웰씽킹 WEALTHINKING》의 저자 켈리 최의 성공 씨앗도 결국 교육(배움)이었습니다. 그녀는 너무나 가난한 시골에서 배움을 계속할 수 없게 되자 서울로 상경했어요. 낮에는 와이셔츠 공장에서 일을 했고, 밤에는 야간고등학교를 다니면서 주경야독했습니다. 그녀는 30대의 나이에 10억 원을 빚지게 되자 큰 절망에 빠지고 말았지요. 하지만 그때도 그녀가 선택한 것은 배움이었어요. 배움으로 삶을 긍정했던 거예요. 롤모델 1000명을 연구하면서 그들의 온갖 것을 배웠고 성공방식을 씹어먹듯이 자기 것으로 만들고자 했어요. 그리고 결국 보란 듯이 일어났어요. 그녀는 지금 글로벌 기업인 켈리델리의 회장으로서 유럽 12개국, 1200개 매장을 운영하면서 선한 영향력을 끼치고 있습니다.

한때 세상에서 가장 가난했던 우리나라가 선진국의 대열에 낄 수 있었던 것도 이런 높은 교육열 때문이었습니다. 당장 굶는 일이 있어도 자녀교육을 위해서라면 아낌이 없었던 부모들의 투자가 오늘날 결실을 본 것으로 생각해요.

이처럼 교육은 온갖 부정적인 것에서 자유롭게 하는 능력입니다. 교육을 학생 편에서 보면 배움이라고 할 수 있어요. 그래서 배움은 희망이고 꿈을 이루는 지름길입니다. 여러분이 지금 누릴 수 있는 최고의 혜택은 바로 배움입니다. 이런 배움에 대한 긍정적인 마음을 갖기를 바라요. 지긋지긋한 공부, 매일 반복되는 고리타분한 공부가 아니라 나의 인생을 송두리째 바꾸는 마법 같은 것이 바로 공부이기 때문입니다. 이런 마음가짐이 준비되었다면 여러분의 배움은 이제 질적으로 달라질 것입니다.

긍정의 다른 이름 '용기'

용기勇氣의 사전적 정의는 "씩씩하고 굳센 기운", "사물을 겁내지 아니하는 기개"입니다. 살다 보면 우리를 겁나게 하는 일들이 얼마나 많나요? 자다브처럼 희망이 없는 처지가 될 수도 있고, 켈리 최처럼 사업에 실패할 수도 있습니다. 수업 시간에 어려운 질문을 받기만 해도 몸과 마음이 오그라듭니다. 혹시 시험을 망치거나, 어느 날 갑자기 외톨이가 된다면? 생각만 해도 끔찍합니다.

일단 겁을 먹게 되면 생각은 물론이고, 손, 발이 오그라듭니다. 쥐가 고양이에게 잡아먹히는 것은 쥐의 달리기 능력이 부족해서가 아니에요. 달리기는 고양이가 쥐를 당할 수 없습니다. 하지만 쥐는 고양이 앞에만 서면 한 없이 작아져요. 겁먹은 쥐는 두려움 때문에 우왕좌왕하다가 결국 잡히는 거예요. 능력은 출중한데 두려움 때문에 능력을 충분히 발휘할 수 없다면 이 얼마나 안타까운 일일까요?

반면 1990년에 개봉된 〈죽기 아니면 까무러치기〉라는 영화는 그 반대의 경우를 보여줍니다. 정년을 며칠 남긴 버트라는 형사가 건강검진에서 차트가 바뀌는 바람에 시한부를 선고 받게 되었어요. 그는 병으로 죽는 것보다 근무 중에 순직하면 거액의 보험금을 받을 수 있다는 것을 알고 있었습니다. 그래서 가족을 위해 순직을 결심합니다. 그는 평소 몸 사리기로 유명했던 사람이었어요. 이런 그가 갑자기 용감무쌍해지자 동료들은 당황할 수밖에 없었습니다. 그가 '죽기 아니면 까무러치기'라는 자세로 사건에 임하자 수많은 찬사가 이어졌어요. 많은 상장과 훈장이 쏟아졌습니다. 두려움을 극복하는 순간 잠재된 능력들이 제대로 발휘된다는 것을 알 수 있어요.

두려움을 극복하는 방법에는 무엇이 있을까요? 차트 바꿔치기일까요? 그 방법은 바로 '연습'입니다. 자꾸 연습하다 보면 부족한 부분이 채워집니다. 자신감도 생겨요. 그래서 결국 용기 있게 헤쳐 나갈 수가 있습니다. 지피지기知彼知己면 백전백승百戰百勝이라고 했어요. 두려움의 실체를 알면 그것에 대한 만반의 준비를 하므로 이길 확률도 높아집니다.

용기는 플라톤의 4주덕 중 하나입니다. 적과 싸워서 승리하기 위해서는 반드시 용기가 필요해요. 플라톤이 말했던 철인은 철학자를 의미합니다. 철학은 삶에 대한 깊은 사색입니다. 이런 사색을 도와주는 것이 바로 독서가 아닐까요?

안중근 의사는 "하루라도 책을 읽지 않으면 입에 가시가 돋는다"

라고 하셨어요. 입에 가시가 돋는다면 음식을 제대로 먹을 수 없겠고, 말도 제대로 할 수 없게 될 것입니다. 결국, 정상적인 삶을 가로막아 아무 일도 할 수 없게 되는 거예요. 안중근 의사는 바로 그것을 두려워했던 것입니다. 책은 영혼의 양식인데 그것을 읽지 않는다면 가시가 돋게 되고 결국 그 가시가 우리의 정신적 성장을 가로막게 되어 힘 없이 주저앉게 되는 거예요. 정말 두려운 것이 무엇인지 알고 계셨던 것입니다. 안중근 의사는 마지막 죽음의 순간에도 책을 읽었어요. 그래서 끝까지 용기를 잃지 않았습니다.

또 용기란 try again이라고 생각해요. 실패하더라도 그 자리를 툴툴 털고 일어나 다시 도전할 수 있는 사람이라면 그는 이미 용기 있는 사람입니다. 에디슨은 아마 세상에서 가장 많은 실패를 경험한 사람 중의 하나일 거예요. 그가 try again하지 않았다면 어떤 발명품도 세상에 나오지 못했을 겁니다. 링컨도 try again의 달인입니다. 그는 선거에서 거듭 실패했어요. 다른 점이 있다면 실패를 인정하고 받아들이되 반전의 기회로 삼고 다시 도전했다는 거예요. 결국 그는 미합중국의 대통령이 되었습니다. 또한 노예해방이라는 위대한 인류사적 업적을 이룩하게 되었어요.

이처럼 용기는 불편한 진실을 인정하고 받아들이는 것입니다. 기꺼이 힘든 현실을 감당하고자 하는 것입니다. 그래서 용기는 긍정의 다른 이름입니다.

2장

어떻게
날아오를
것인가?

부정적인 습관에서 벗어나기

《성공하는 사람들의 7가지 습관》의 저자인 스티븐 코비는 책에서 어떻게 긍정적인 삶을 시작할 수 있는지 강조하고 있습니다. 그가 가장 강조하는 것은 무엇일까요? 그것은 부정적인 습관에서 벗어나는 것입니다. 그는 인류 최초로 달착륙에 성공했던 아폴로 2호의 예를 들어 그 방법을 설명하고 있어요.

달에 가려면 우선 지구를 벗어나야만 합니다. 그런데 그게 쉽지 않아요. 모든 물체에 작용하는 무시무시한 지구의 인력 때문이지요. 그 힘을 이겨내야만 지구의 영향권에서 벗어날 수가 있습니다. 지구에서 우주선을 발사한 후 단 몇 분 동안 사용하는 에너지는 정말 엄청납니다. 우주에서 며칠을 버티고도 남을 만큼의 에너지를 그때 소모한다고 해요. 비행기도 이륙할 때 연료의 80퍼센트를 사용한다고 합니다.

그만큼 처음이 어렵다는 말 아닐까요? 우리 말에도 "시작이 반이

다"라는 말이 있잖아요. **시작하는 것은 쉽지 않습니다. 하지만 시작을 잘하기만 하면 나머지는 생각보다 훨씬 쉽게 해결이 되는 것입니다.**

부정적인 습관도 그렇습니다. 우리의 생활 속에 깊이 뿌리 내린 이런 나쁜 습관에서 벗어나려면 우선 결단이 필요합니다. 《네 안의 잠든 거인을 깨워라》의 저자인 앤서니 라빈스가 책에서 강조하고 있는 것도 '결단'입니다.

이미 우리 몸과 마음에 깊이 자리 잡은 부정적인 습관은 그 나름의 관성이 있어요. 그래서 그게 좋지 않다는 것을 알고 있지만 멈추는 게 쉽지 않습니다. 그 세력에서 벗어나고자 할 때 잠시 몸부림 같은 것이 느껴집니다. 부정적인 습관이 가진 일종의 저항이지요. 마치 우주선이 지구를 벗어나기 위해 엄청난 에너지를 사용해야 하는 것처럼 많은 에너지가 필요합니다. 그렇다고 해서 부정적인 습관을 없애기 위해 '사생결단'이라도 해야 한다는 뜻은 아니에요. 중요한 것은 내가 가진 부정적인 습관에서 벗어나고자 하는 마음의 열망입니다. 그런 뚜렷한 목표가 있으면 그것을 위해 집중할 수가 있어요. 그리고 머지않아 내가 가진 힘으로 벗어날 수 있습니다.

한 가지 크게 위로가 되는 부분이 있어요. 부정적인 습관에서 벗어나기 위해 비교적 큰 에너지가 필요한 것은 사실이지만, 일단 그 영향권에서 벗어나기만 하면 누구나 완전히 새로운 차원의 자유를 맛보게 된다는 거예요.

그럼 우리가 가진 부정적인 습관에는 어떤 것들이 있는지 알아볼까요? 딴짓하는 습관, 미루는 습관, 정리 안 하는 습관, 약속에 늦는 습관, 남 탓하는 습관, 부정적인 언어(욕설 등)습관, 게임, 도박 등에 이르기까지, 중독에 가까운 부정적 습관도 많습니다.

다들 김유신 장군의 결단에 관한 일화를 알고 있지요? 김유신은 천관녀라는 기생의 집에 자주 들르곤 했습니다. 하지만 이 일 때문에 어머니에게 크게 책망을 받는 사건이 있었어요. 이후로 그는 다시는 그러지 않겠다고 다짐했습니다. 그런데 술에 취해 잠든 사이 말이 기생집 앞으로 자신을 데려갔던 거예요. 이에 화가 난 그가 말의 목을 베어버렸다는 이야기입니다. 다소 논란이 있을 수 있는 이야기입니다만 우리가 배울 점은 그의 단호함입니다. 그런 단호한 결단의 힘으로 결국 삼국통일의 대업을 이룰 수 있었다고 생각합니다.

여러분도 긍정적인 삶을 위해 부정적인 습관부터 제거해 보세요. 결단하되 약간은 단호하게 해보는 겁니다. 일기장에도 결단의 내용을 써보고, 눈에 잘 띄는 곳에 결단의 내용을 붙여놓는 노력도 해보세요. 그리고 여러분이 원하는 좋은 습관을 시작해 보세요. 머지않아 결코 작지 않은 자신감을 얻게 될 거예요. 긍정적으로 변한 여러분의 모습을 목격할 수 있을 겁니다.

두 마리의 개

긍정적으로 살기 위해서는 우선 내 상태를 정확하게 파악할 수 있어야 합니다. 여러분의 상태는 어떤지 다음 이야기를 통해 확인해 보세요.

한 제자가 스승에게 물었습니다.

"스승님, 제 안에는 두 마리의 개가 살고 있는 것 같습니다. 한 마리는 매사에 긍정적이고 온순하며 너무나 사랑스러운 놈이고, 다른 한 마리는 몹시 사납고 성깔도 나쁠 뿐만 아니라 매사에 부정적인 놈입니다. 이 두 마리의 개가 항상 제 안에서 싸우고 있습니다. 어떤 녀석이 이기게 될까요?"

스승은 잠시 생각에 잠겼습니다. 그러고는 이렇게 대답해 주었습니다.

"네가 먹이를 주는 놈이다."

무슨 말일까요? 결국 주인이 먹이를 많이 주는 개가 이기게 된다는 것이지요. 참으로 통찰력 있고 재치 있는 답변이 아닐 수 없습니다.

여러분은 긍정적인 개와 부정적인 개 중 어떤 개에게 먹이를 많이 주고 있나요? 어떤 사람은 부정적인 개를 쫄쫄 굶겨서 다시는 부정적인 생각이 고개를 쳐들지 못하도록 하겠다고 말하는 사람도 있습니다. 너무나 마음이 통쾌해지는 것 같아요. 온갖 부정적인 생각에 시달려 본 사람은 공감이 될 것입니다.

하지만 긍정적인 개까지 함께 굶기면 안 됩니다. 긍정이 커지면 부정이 작아지는 법이거든요. 내 안의 긍정이 커질 수 있도록 의식적으로 긍정 에너지를 가득 채워야 합니다. 그래야 부정적인 생각이 비집고 들어올 틈이 없어지는 거예요.

많은 사람이 근심, 걱정, 불안, 두려움 등으로 인해 얼굴이 시커멓게 되고, 생기를 잃고 있습니다. 마치 자신이 온 우주의 근심을 다 껴안고 있는 것처럼 사는 사람도 있어요. 그 원인은 마음에 틈이 생긴 것이고, 그 틈으로 부정적인 개에게 먹이가 흘러 들어갔기 때문입니다. 내가 힘겹게 얻은 피 같은 에너지를 그렇게 빼앗기게 되는 거예요. 얼마나 억울한 일인가요? 그러므로 틈을 최소화해야 합니다. 대신 긍정의 에너지를 계속 공급해야 합니다.

이젠 긍정적인 개에게 열심히 먹이를 주는 일만 남았습니다. 요즘 반려견을 키우는 것이 유행되었어요. 어차피 반려견을 키우려고 해도 이에 따르는 수고로움이 있습니다. 꾸준히 산책을 시켜줘야 합니다. 목욕도 시켜줘야 하고, 털 관리도 해줘야 해요. 끊임없이 관리라는 것을 해줘야 합니다. 이게 쉬운 일이 아니라고들 합니다. 그런데도 반려견을 많이 키우고 있다는 것은 그만큼 좋다는 것이지요.

그런데 그것보다 훨씬 중요한 긍정 애완견을 방치하고 있다면 참으로 어리석은 일입니다. 오늘부터라도 나만의 긍정 애완견을 입양한다고 생각해 보세요. 그동안 쫄쫄 굶어서 아사 직전인 긍정 애완견에게 먹이를 주세요. 물도 주고, 산책도 시키세요. 긍정 애완견의 먹이는 단순합니다. 감사라는 고급 사료가 있어요. **그저 감사하는 마음을 갖는 것만으로도 여러분의 몸에는 엔도르핀이 흐르게 될 것입니다.** 감사하면서 하고 싶은 것을 하는 것은 최고급 사료입니다. 몸과 마음을 최적화해서 자신감을 극대화할 수 있어요. 결국 마음껏 꿈꾸며 자신의 재능을 펼쳐 보일 수 있게 됩니다. 이렇게 긍정 애완견에게 매일 먹이 주는 것을 잊지 않는다면 여러분의 꿈은 곧 현실이 될 것입니다.

긍정의 ABC

　누구나 긍정적인 삶을 살고 싶어 합니다. 세상에 화내면서 우울하게 살고 싶은 사람이 어디 있겠어요? 하지만 의도치 않게 부정적인 삶을 살아가는 사람들이 아주 많은 것 같아요. 뉴스를 보면 온통 부정적인 뉴스들이 도배하고 있습니다.

　단순하게 생각해 봅시다. 맛있는 것을 먹으면 긍정적인 마음이 싹틉니다. 만족스러운 거죠. 그렇죠? 기분이 우울할 때 달콤한 아이스크림을 먹어보세요. 그럼 마음이 위로받습니다. 지갑에 용돈이 두둑해질 때도 긍정적인 정서가 생기고, 칭찬받을 때도 그래요. 한마디로 삶의 만족도가 올라가면 긍정적인 정서가 발생하는 거예요.

　이처럼 긍정적 정서를 만들어 주는 다양한 방법이 있는 것 같아요. 가톨릭의대 채정호 교수님은 이것을 '긍정의 ABC'라고 표현했습니다.

❖ 첫째, 긍정 A는 Appreciate입니다.

열심히 감사하는 사람은 삶의 만족도가 올라갑니다.

오프라 윈프리는 어린 시절 누구보다 부정적인 환경에서 자랐어요. 이런 환경은 그녀의 진로에 부정적인 영향을 줄 수밖에 없었습니다. 하지만 놀랍게도 그녀는 자기 토크쇼에서 다음과 같이 말했어요.

"저는 '감사합니다. 고맙습니다. 진실로 복 받은 사람입니다'라고 말하지 않고 지나가는 날이 단 하루도 없어요."

그녀는 그리고 이런 말도 했습니다.

"인생을 축복하면 할수록 축하할 거리는 많아지고, 티를 찾아내려고 할수록 잘못이나 불행이 더 많이 나타납니다."

즉 긍정적 정서는 상황과 무관하게 열심히 감사하는 자에게 주어진다는 것을 알 수 있습니다. 그리고 그런 긍정이 오프라를 세계 최고의 토크쇼 진행자로 만들었다고 생각합니다.

❖ 둘째, 긍정 B는 Better and Better입니다.

물론 최고가 된다면 좋을 것입니다. 하지만 누구나 다 최고가 될 수는 없어요. 다만 어제의 나보다 오늘의 내가 조금씩 나아지는 것은 누구나 할 수 있지요. 욕심을 부리다 보면 탈이 나기 마련입니다. 작심삼일이 되기도 쉬워요. 그러므로 목표는 원대하게 세우되 조금씩 나아지는 전략을 추천하는 바입니다. 어제보다 5분 더 책상에 앉아있기, 영어단어 한 개 더 외우기. 조금씩 나아지기만 해도 우리의 만족도는 올라간답니다. 이런 식으로 꿈과 목표를 향해 나아가는 것은 참 멋진 것 같아요.

앞서 부정적인 습관을 제거하는 것에 관해 이야기했는데요. 이것도 단번에 해치우고자 하면 잘 안 됩니다. 조금씩 나아지고 있다는 것을 나 자신이 느낄 수 있도록 하는 것이 중요해요. 늘 지각하는 습관이 있다면 조금씩 나아지는 자신을 생각하면서 늦는 정도와 빈도를 줄여가는 것이 좋습니다. '어제보다 나은 오늘의 나'를 만나게 된다면 만족도는 올라가기 마련입니다. 점점 긍정적이 되는 거예요. 그리고 그것이 디딤돌이 되어 훨씬 좋아진 모습으로 성장할 수 있는 것입니다.

∴ 셋째, 긍정 C는 Care입니다.

누군가를 섬기는 삶을 말합니다. 나밖에 모르는 나뿐인 사람을 우스갯소리로 '나쁜 사람'이라고 한다죠? 누군가를 돌보고 챙기는 사람의 삶에는 의미와 가치가 있습니다. 나의 시간과 열정을 잘 관리해서 어딘가에 의미 있게 몰입하는 것 자체가 기쁨이 되는 거예요. 이런 사람의 마음에 긍정적인 정서가 발생합니다. 봉사하고 섬기는 삶을 살았던 사람들의 수명이 그렇지 않았던 사람들보다 더 길었다는 실험 결과가 그것을 뒷받침한다고 생각해요. 여러분이 돌봐야 할 대상은 무엇인가요? 물론 여러분 자신을 잘 돌봐야 합니다. 자기 자신도 관리가 안 되는데 어떻게 다른 사람을 돌보느냐고요? 당연히 그런 생각을 할 수 있어요. 하지만 그런 좁고 편협한 마음에는 긍정적인 정서가 싹틀 수 없습니다.

록펠러 이야기를 하고자 해요. 그는 이미 36세 때 백만장자가 되었습니다. 48세에는 미국에서 최고로 큰 회사를 경영했고, 53세에는 마침내 세계 최고의 재벌이 되었어요. 하지만 그 과정에서 록펠러는 온갖 수단과 방법을 가리지 않았다고 합니다. 경쟁회사를 무너뜨리거나 합병했고 시장을 독점해 버리기도 했지요. 그래서 사람들에게 많은 비난을 받았다고 합니다.

이런 록펠러가 55세에 불치병에 걸리게 되었습니다. 음식을 전혀 소화할 수 없었고, 눈썹과 머리카락이 마구 빠지기 시작했어요. 결국 의사로부터 1년 이상 살 수 없다는 시한부선고를 받게 되었습니다. 그는 참담한 마음으로 휠체어를 탄 채 병원 로비를 지나가고 있었어요. 그때 병원 로비에 걸린 글귀가 눈에 들어왔습니다. 그곳에는 다음과 같은 말이 기록되어 있었어요.

"주는 자가 받는 자보다 복이 있다."

그의 마음에 알 수 없는 감동이 밀려왔습니다. 얼마 남지 않은 삶이었지만 그것을 실천하기로 마음먹었어요. 그런데 바로 그때 입원비 문제로 소란이 있었습니다. 환자의 어머니는 제발 입원시켜달라고 애원했고, 병원 측은 병원비가 없으니 안된다고 단호하게 거절했던 거예요. 이에 록펠러는 비서를 시켜서 대신 병원비를 지급했고, 누가 지급했는지는 모르게 했습니다. 얼마 후 그가 은밀하게 도운 아이가 기적적으로 낫게 되었다는 소식을 듣게 되었어요. 이때 그는 전에 느끼지 못한 큰 희열을 느꼈다고 해요.

그런데 이후 더 놀라운 일이 벌어졌습니다. 록펠러의 몸이 빠른 속도로 회복되기 시작한 거예요. 기적이라는 말밖에는 표현할 길이 없었습니다. 의학적으로 설명이 안 되는 일이었지만 결국 그의 병은 기적적으로 낫게 되었습니다. 이후 그는 자신과의 약속대로 긍정 C를 평생 실천했고, 97세까지 건강하게 장수 할 수 있었어요.

이렇게 긍정의 ABC가 있는 사람은 절대 부정적인 정서에 빠지지 않아요. 스스로 만족도가 높은 삶을 살 뿐만 아니라 주위 사람들에게 긍정적인 영향력을 끼칩니다. 그래서 주변을 밝게 만들지요. 때로는 기적을 경험하기도 하고 기적을 일으키기도 합니다. 감사하는 삶을 살다 보면(A), 조금씩 나아질 수 있고(B), 결국 누군가를 돌볼 수 있는(C), 의미 있고 가치 있는 삶을 살 수 있는 것입니다.

긍정을 점화시켜라

　제가 초등학교 1학년 때였습니다. 마당에서 촛불장난을 하다가 사고를 치고 말았어요. 쌓아놓은 집채만 한 지푸라기 무더기를 몽땅 태워버린 거예요. 가을철 건조한 날씨와 탈 수 있는 재료, 그리고 촛불이 만났을 때 불길은 걷잡을 수 없을 만큼 커졌습니다. 그저 머리카락 처럼 삐져나온 지푸라기 하나에 촛불을 가까이 했을 뿐이었어요. 그런데 놀라울만큼 순식간에 불이 번졌어요. 당시 어렸던 저는 그저 어릴적 젖먹던 힘까지 다해 "불이야! 불이야!"를 외치는 것 밖에는 할 수 있는 것이 없었습니다. 이후 뛰쳐나온 마을 사람들의 도움으로 불길은 겨우 진압이 되었답니다.

　저에게 이 사건은 지금까지도 아주 강렬한 흑역사로 남아있어요. 사건을 통해 제가 얻게 된 한 가지 깨달음이 있다면… '아무거나 불 태우면 안 된다'는 것이었어요.

저는 자칭 BTS의 팬덤인 아미입니다. BTS 노래를 즐겨 듣는 편인데 그 중에 〈불타오르네〉라는 곡이 있어요. 뮤직비디오를 보면 계속 뭔가를 불태우고 있습니다. 처음에는 저의 어린시절의 트라우마가 떠오르기도 했어요. 그런데 노래의 마지막이 이런 멘트로 끝나고 있었습니다. "용서해줄게!"

'이게 뭐지?'라는 생각이 들었어요. 불장난하는 불량 청소년의 느낌이 계속 되다가 갑자기 용서로 끝나니까 너무 당황스러웠습니다. '역시 BTS는 다르구나!'라고 생각했지요. 그들이 여기저기 일으킨 불길은 용서의 불길이었습니다.

이렇게 뭔가에 불이 붙도록 해서 어떤 행동을 만들어내는 것을 심리학에서는 '행동점화 효과'라고 해요. 다시말해서 원하는 행동을 하게끔 만들어주는 것입니다. 어떤 행동이 점화단계를 거치지 않고 불쑥 나타나는 일은 없어요. 즉 우리가 원하지 않는 부정적인 행동은 그것이 점화되지 않도록 하기만하면 됩니다. 아주 간단하지요. 한마디로 불관리만 잘하면 되는 거예요.

그럼 구체적으로 불관리는 어떻게 해야하는 것일까요? 무엇이든 불 가까이 가면 타게 되어있습니다. 그러므로 내가 원하지 않는 부정적인 것을 가까이 하지 않는 게 상책이지요. 대신 내가 원하는 긍정적인 것들에 관심을 가지고 그것을 가까이 해야합니다. 보고, 듣고, 만지고, 생각하고, 경험하고… 결국 때가 되면 점화되기 시작합니다. 그럼 일단 성공입니다. 하지만 이후에도 계속 탈 것을 공급해야만 불이 살아있을 수 있어요. 탈 재료가 충분하다면 그만큼의 큰 불을 일으켜서 열정적인 삶, 영향력 있는 삶을 살 수 있습니다.

예를 들어 '원망', '불평', '짜증'과 같은 부정적인 단어를 자꾸 읽거나 말한다면 어떻게 될까요? 부정적인 생각에 사로잡히게 됩니다. 그래서 자기도 모르게 상대에게 불평과 짜증을 쏟아내게 돼요. 처음부터 그럴 생각은 없었는데 생각 속에 부정적인 것이 들어가니까 결국 그런 행동이 나타날 수밖에 없는 겁니다. 하지만 '용서'와 같은 긍정적인 단어를 말하거나, 그런 이야기를 듣게 된다면 그 사람은 용서의 행동을 할 확률이 높아지는 것입니다.

그러므로 생각을 잘해야겠습니다. 무의식적으로 뱉어내는 "힘들어 죽겠어"를 멈춰야 합니다. 좋을 때조차도 "좋아 죽겠다"고 하는 모순을 버려야 합니다. **알게 모르게 부정적인 생각을 점화시키고 있음을 알고, 이제는 긍정적인 생각이 점화될 수 있도록 부단히 노력해야 합니다.** 일부러라도 긍정의 말을 많이 해야겠어요. 긍정에 불이 붙을 때까지, 내 안에서 긍정의 불길이 활활 타오를 때까지 계속 긍정하기 바랍니다.

긍정을 구호하라!

    구호, 함성, 외침, 주문 외우기… 등은 주위에서 많이 볼 수 있습니다. 태권도할 때도 "얏!", "태권!"이라고 외치지요. 염마애라고 알려진 염정인 에어로빅 선생님은 연세가 이제 70입니다. 그런데 아직도 현역으로 에어로빅을 가르칠 뿐만 아니라 〈무한도전〉, 〈런닝맨〉, 〈기분 좋은 날〉등 방송에도 자주 출연하고 있어요. 이분은 뼈나이가 30대라고 합니다. 그동안 얼마나 몸 관리를 잘했는지 알 수 있어요. 이분이 특히 강조하는 것이 있습니다. 그것은 바로 '구호'입니다. 구호를 제대로 외쳐야 몸과 정신의 에너지를 끌어올릴 수 있기 때문이에요. 몸이 힘들다고 구호를 제대로 안 하면 카리스마 넘치는 목소리로 혼이 나기 일쑤입니다.

    그래서 여러분에게 몇 가지 의미 있는 구호를 소개하고자 해요.

    첫째, "어이!"

크레용팝의 노래 〈어이〉에 나오는 구호입니다. 약간 코믹한 노래 분위기도 좋고, 내 삶을 어떻게 살아갈 것인가? 강력한 문제의식을 불러일으킨다는 점에서 꼭 들어보기 바라요. 반복해서 듣다 보면 아무 때나 "어이!"하며 기압을 넣고 있는 자신을 발견하게 될 것입니다.

"삐까뻔쩍 나도 한번 잘 살아 보자! 어이!!"

"블링블링 나도 한번 잘 살아 보자! 어이!!"

여러분도 한 번 외쳐볼까요? "어이!!"

둘째, "알 이즈 웰!"

인도 영화 〈세 얼간이〉 속 구호입니다. 영화는 인도 최고의 공과대학인 ICU라는 곳을 배경으로 펼쳐지는 세 친구의 우정과 꿈 이야기지요. 꿈과 진로에 대해 깊은 문제의식을 느끼고 시청하지는 않더라도 영화를 보다 보면 저절로 문제의식이 생깁니다. 즐겁게 웃으면서 보고 느끼다 보면 마음속에서 '어떻게 살아야 할까?, 어떤 자세로 공부하며 꿈을 준비해야 할까?'라는 질문들이 쏟아집니다. 세 얼간이라고는 하지만 세 친구의 꿈을 향한 모험과 방황, 그리고 성취가 우리를 대단히 흥분케 합니다.

파르한은 부모님의 기대와 소망을 따라 공학도가 되고자 했어요. 그래서 일류 공대에 입학했으나 늘 꼴찌에서 맴돌았습니다. 라주는 두려움이 많았어요. 불안과 두려움에 시달리느라 공부에 몰입할 수 없었습니다. 이렇게 둘은 꾸역꾸역 비참한 대학 생활을 이어가고 있었지요. 그러다 친구 란초를 만나 그의 도움으로 진짜 꿈을 찾아 나서게 됩니다. 그리고 마침내 자기 분야에서 성공한 존경받는 전문가가 됩니다.

영화에서는 "알 이즈 웰All is well!"이라는 독특한 구호가 자주 등장합니다. "뭐든 잘될 거야!"라고 풀이할 수 있어요. 과학적 근거가 있는지는 모르겠지만 알이즈웰이라고 외치면 겁먹은 마음이 차분해지고, 좋은 아이디어가 떠오릅니다. 긍정적이며 진취적인 삶을 살게 됩니다. 배 속의 태아도 좋아서 어쩔 줄을 몰라 합니다. 세 얼간이의 성공적인 진로는 어쩌면 단순하지만 힘이 있는 이 긍정 구호 때문이었는지도 몰라요.

여러분도 이런 성공적인 진로의 주인공이 될 수 있습니다. "알 이즈 웰!!"

긍정의 애티튜드

마쓰시타 고노스케는 일본 최고의 기업가입니다. 파나소닉을 창립한 인물이에요. 그에게는 특이한 입버릇이 있었습니다.

"난 참 운이 좋아! 그래서 뭘 하든 잘될 거야."

입버릇처럼 이 말을 하고 다녔다고 해요.

그러던 어느 날, 고노스케 회장이 교통사고를 당하게 되었습니다. 그는 수술까지 받아야 할 정도로 제법 크게 다쳤지요. 이후 그는 부러진 다리를 붕대로 칭칭 동여맨 채 병원 침상에 누워있었습니다. 이런 그에게 한 손님이 찾아왔어요. 처참하게 누워있는 고노스케를 보고 그가 호들갑을 떨면서 이렇게 말했습니다.

"아이고, 회장님 어쩌다 이 지경이 되셨습니까? 참 운도 없으십니다."

이때 고노스케 회장이 어떻게 반응했을까요? 회장은 빙그레 웃으며 다음과 같이 말했다고 해요.

"하하, 무슨 말씀을 그렇게 하십니까? 저만큼 운이 좋은 사람이 또 어디 있다고요?! 교통사고를 당하고도 이렇게 멀쩡하게 살아 있는 것 안 보이십니까? 저는 진심으로 감사하고 있답니다! 저는 참 운이 좋아요!"

마쓰시타는 처음부터 이렇게 긍정적인 사람이었을까요? 그렇지 않습니다. 아니면 비교적 좋은 일들만 겪으면서 무탈하게 성장한 것 아니냐고요? 아닙니다.

그는 가난했고, 병약했습니다. 가난해서 초등학교조차 다닐 수 없었지요. 그는 어디든 어두운 기운을 몰고 다니는 부정적인 사람이 될 수밖에 없어 보였습니다. 가난을 탓하고, 자신을 낳아준 부모 탓, 조상 탓을 하기 쉬웠습니다. 하지만 그는 전혀 그렇게 하지 않았어요. 그는 오히려 가난했기 때문에 아주 어렸을 때부터 신문 배달과 구두닦이 등을 하면서 세상을 경험할 수 있었다고 합니다. 병약했기 때문에 항상 운동해야만 했고 결국 건강할 수 있었다고 합니다. 배운 게 없으므로 세상 모든 사람을 자신의 스승으로 삼고 배울 수 있었다고 말해요.

이렇게 어떤 상황에서도 긍정적인 해석을 할 수 있는 사람에겐 항상 운이 좋을 수밖에 없는 것 같습니다. 꿈보다 해몽이라는 말이 있듯이 사건보다 해석이 중요합니다. 이것은 곧 삶의 자세이기도 해요. 알파벳을 순서대로 점수화하여 계산했을 때 거의 유일하게 100점이 나오는 단어가 바로 삶의 자세Attitude입니다. 긍정적인 삶의 자세야말로 100점짜리 삶으로 이끄는 진로의 일등공신입니다.

벌어진 일을 부정적으로 보는 사람보다는 조금 더 긍정적으로 해석하고 대처하는 사람이 훨씬 행복할 수 있습니다. 그리고 그런 사람에게 유독 좋은 일들이 많이 일어나는 것 같아요. 그럼 여러분에게도 질문을 해보겠습니다. 지금 여러분은 운이 좋은가요?

독서로 긍정하라

다음은 《독서불패》라는 책에 등장하는 위대한 독서 거장들의 긍정 이야기입니다. 독서야말로 불패로 이끄는 긍정의 힘입니다.

❖ 첫째, 헬렌 켈러의 손가락 끝 독서

헬렌 켈러는 '3중고의 성녀'라고 불립니다. 그녀는 앞을 볼 수 없었고, 들을 수 없었으며, 말을 할 수도 없었습니다. 이런 그녀는 자신의 절망감을 이렇게 표현하였습니다.

"나는 인생의 닫힌 문 앞에 홀로 앉아 적막감에 싸여있을 때가 많았다. 하염없이 무언가를 기다려야만 할 때의 싸늘한 고독감은 주체할 수 없었다."

하지만 그녀는 어둡고 부정적인 기운에 짓눌리지 않았습니다. 다음과 같은 긍정의 고백을 하곤 했어요.

"오늘도 나는 빛을 향하여 한 걸음 앞으로 나아간다."

이런 그녀가 실제로 환한 빛 가운데로 나아가게 되는 계기가 있었습니다. 그것은 바로 '독서'였습니다. 손가락 끝 점자 독서. 그녀의 긍정 독서는 어둠에서 벗어나고자 하는 몸부림 때문에 탄생하게 되었습니다. 절박한 마음의 고통이 그녀에게 독서의 필요성을 느끼게 해주었던 거예요. 그녀는 책의 점자가 거의 닳아서 읽을 수 없을 정도가 될 때까지 읽고 또 읽었습니다. 읽을수록 그녀의 마음은 밝아졌고 자유롭게 되었으며 행복해졌기 때문입니다.

∻ 둘째, 링컨의 책사랑

링컨은 독학의 대명사입니다. 그는 가난해서 정식 교육을 받을 수 없었지만 스스로 독학하면서 실력을 쌓았어요. 그렇게 독서의 힘으로 측량기사가 되었고, 변호사도 될 수 있었습니다. 그는《워싱턴》전기를 읽으면서 조국에 대한 사랑과 충성심을 키웠고, 위대한 정치가로서의 꿈도 키웠습니다. 링컨은 특히 새벽에 2시간동안 몰입하는 성경 읽기를 통해 내면의 힘을 쌓을 수 있었어요. 수많은 실패를 거듭했던 그는 이렇게 말했습니다.

"나는 계속 배우면서 나를 갖추어 간다. 언젠가는 하나님이 나에게 기회를 주실 것이다."

이런 긍정심이 있었기 때문에 어떤 절망 속에서도 포기하지 않을 수 있었습니다. 이렇듯 누구든 책의 능력을 자기 것으로 만드는 사람이 세상을 변화시킬 수 있습니다.

∴ 셋째, 에디슨 어머니의 책 읽어주기

에디슨은 초등학교에 다닌 지 불과 석 달 만에 학교에서 쫓겨나야 했습니다. 어린 에디슨에게 얼마나 큰 충격이었겠어요. 학교를 탓하고 선생님을 원망하기 딱 좋은 상황이었습니다. 그의 어머니 낸시도 매우 힘들었을 것입니다. 하지만 그녀는 절망하지 않고 에디슨을 독서로 양육했어요.

그녀가 택한 방법은 바로 책 읽어주기였습니다. 이를 통해 에디슨은 갑자기 활기를 띠기 시작했어요. 어머니의 책 읽어주기가 에디슨의 두뇌에 활력을 불어넣었던 것입니다. 이것이 밑거름이 되어 이후 에디슨은 남다른 열정으로 수많은 발명품을 만들 수 있었습니다. 에디슨은 필라멘트 실험을 하면서 10000번이나 실패해야 했습니다. 하지만 그는 그것을 실패라고 여기지 않았어요. 안되는 방법을 충분히 배웠기 때문에 마침내 성공할 수 있었다고 말합니다. 어머니의 긍정심이 아들인 에디슨에게로 전수 되었음이 분명해요. 긍정도 전염되나 봅니다.

위 세 분의 이야기만 봐도 우리는 느낄 수 있습니다. 독서야말로 막강한 긍정적 에너지의 원천임을요. 여러분도 할 수 있습니다.

장점을 확대하라

확대경은 작은 것을 크게 볼 수 있도록 도와줍니다. 글씨가 잘 안 보이면 돋보기를 사용하고, 멀리 있어서 잘 안 보이면 망원경을 사용합니다. 그럼 아주 가까이 있는 것처럼 크게 보이지요. 크게 확대된 사진을 원할 땐 카메라의 줌 기능을 사용하면 됩니다. 눈에 안 보이는 작은 미생물도 현미경을 사용하면 얼마든지 크게 볼 수 있어요. 이렇게 적절히 도구를 사용하기만 하면 얼마든지 잘 볼 수 있습니다. 우리의 진로도 마찬가지입니다.

크게 보이느냐 작게 보이느냐는 마음의 문제이기도 합니다. 작은 야구공이 축구공처럼 크게 보일 수도 있고, 그 반대일 수도 있어요. 작은 과녁을 크게 볼 수 있는 사람이라면 그는 훌륭한 사격선수 또는 훌륭한 양궁선수가 될 수 있을 거예요.

하지만 무엇을 크게 볼 것인가가 문제입니다. 문제를 너무 확대해

석하게 된다면 두려움에 휩싸일 수도 있어요.

누구에게나 위대한 장점이 있고, 치명적인 약점도 있어요. **우리는 장점을 크게 보는 가운데 긍정적인 자아가 확립될 수 있도록 해야 합니다.** 그래야 자신의 장점을 크게 보면서 약점은 보완할 수 있어요. 하지만 자신의 약점을 너무 확대해서 보는 경우가 있습니다. 약점을 아예 없는 것처럼 생각하는 것도 문제지만 너무 확대하는 것은 더 큰 문제라고 생각해요.

짐 애보트는 태어날 때부터 오른손이 없었어요. 오른쪽 팔꿈치 아래가 없다시피 했고, 손은 온전하지 않은 조막손이었습니다. 그는 정상적인 생활조차 힘들 것만 같은 장애인이었어요. 이런 그에게 긍정적인 생각을 하고, 꿈을 꾸고, 성취하라고 말한다면 왠지 억지 같습니다. 그를 괴롭히지 말라고 충고하는 사람이 있을 수도 있습니다. 하지만 애보트는 보란 듯이 메이저리그 야구선수를 꿈꾸었습니다. 물론 아마추어 선수 정도는 할 수도 있겠죠. 그렇지만 정식 프로야구 선수가 된다는 것은 전혀 현실성이 없다고 보는 게 맞습니다. 하지만 그는 보란 듯이 전 세계에서 최고의 선수만 모인다는 미국 메이저리거가 되었습니다.

그는 오른쪽 조막 손에 글러브를 낄 수가 없었어요. 그래서 그냥 걸쳐 놓은 채 게임을 해야 했습니다. 누가 봐도 참 우스꽝스러운 모습이었어요. 애보트는 투수로서 너무나 치명적인 단점을 가지고 있었습니다. 그 때문에 설령 운 좋게 야구선수가 된다 해도 금방 퇴

출 당할 것만 같았습니다. 하지만 그는 놀랍게도 자신의 단점을 보지 않았어요. 워낙 왼손의 힘이 좋았습니다. 왼손으로 던지는 공의 속도와 기술이 매우 뛰어났어요. 그는 그 장점을 보았던 것입니다.

그는 학창 시절 미식축구와 야구에 소질을 보였다고 합니다. 코치는 애보트의 오른손 장애를 고려해서 미식축구를 강력하게 추천했다고 해요. 하지만 그는 너무나 야구를 하고 싶어 했습니다. 부모님께서도 이런 말로 그에게 힘을 실어주었어요.

"너는 공을 잘 던지니까 투수도 잘할 수 있을 거야!"

굳이 단점을 부각하기보다는 그가 가진 장점을 크게 보도록 도왔습니다. 그래서인지 애보트는 자신이 가진 단점에 집중하면서 그것을 보완하고자 하지 않았어요. 오히려 그가 가진 장점에 집중했습니다. 그 장점을 크게 보고자 노력했지요. 그의 장점인 왼손에 집중하면서 공을 잘 던지고자 최선을 다했습니다.

그 결과 그는 큰 단점에도 불구하고 전설적인 투수가 될 수 있었습니다. 그는 1988년 서울 올림픽 결승전에 선발투수로 출전하여 우승을 거머쥘 수 있었습니다. 미국 메이저리그에도 진출하여 노히트 노런이라는 대기록을 세우기도 했습니다.

긍정의 확대경이 있는 사람은 전혀 긍정할 수 없다고 생각되는 상황에서도 긍정의 이유를 찾습니다. 그는 전혀 감사할 수 없을 것 같은 상황에서도 감사의 이유를 찾고야 맙니다.

우리는 고난과 실패를 확대하기 쉽습니다. 장점이 있는 데 굳이 단점을 확대합니다. 이런 사람의 눈에는 부정적인 것만 보이게 됩니다. 그래서 작았던 근심이 되려 커져서 우주만 하게 되기도 합니다. 하지만 작은 성공을 확대하면 상황은 달라집니다. 없는 것을 있는 것처럼 생각하게 됩니다. 그에게는 문제가 더 이상 문제가 아닙니다.

여러분은 지금 무엇을 확대하고 있나요?

긍정의 의미 찾기

똑같은 실패를 경험한 두 사람이 있지만 반응은 달랐습니다. 한 사람은 실망하고 좌절했습니다. 그러나 다른 한 사람은 그것을 실패로 받아들이기보다는 그 속에서 '의미'를 찾았습니다. 그러고는 아무렇지도 않은 듯, 두 주먹을 불끈 쥐고 일어나 다시 도전하였습니다. 누가 더 성공적인 삶을 살았을까요?

누군가 이런 말을 했어요. "'실패'라는 단어는 바느질할 때 쓰는 단어고 '포기'라는 단어는 김장할 때 쓰는 단어"라고요. "시련은 있어도 실패는 없다!"라는 말도 있습니다.

누군가 "성공(창의성)은 엉덩이로 하는 것"이라는 우스개 말을 한 적이 있어요. 이 말은 가만히 앉아서 진지하게 생각하고 또 생각할 때 수많은 의미가 쏟아진다는 말로 해석됩니다.

〈강남스타일〉로 글로벌 스타가 된 싸이가 만약 두 번의 군 생활에서 긍정의 의미를 찾지 못했다면 오늘날의 성공을 누리지 못했을지도 몰라요. 싸이가 두 번째 입대를 앞둔 시점은 아내가 출산한 지석 달밖에 안 된 때였습니다. 이런 가족을 놔두고 입대한다는 것이 가장으로서 얼마나 가슴 아픈 일이었겠어요? 그래서 잔머리를 굴려보았지만 "그건 싸이답지 않아요!"라는 아내의 대답에 용기를 내어 논산훈련소에 입소했습니다. 하지만, 서른 살이 넘은 노땅신병 싸이를 곱게 바라보는 사람은 없었어요. 다행히 노래라는 재능으로 많은 군인에게 큰 즐거움과 위로와 희망을 나누기 시작하면서 그의 군 생활은 180도 달라졌습니다. 이것은 물질적 보상이 따르지 않는 순수한 봉사활동이었지만 그의 마음속에 '의미'라는 단어가 생기게 되었고 결국 성공적인 군 생활을 할 수 있었습니다.

〈굿 위크스 프로젝트Good Works Project〉에서는 유능하고 행복한 사람들의 공통점을 연구한 적이 있습니다. 연구의 결론은 무엇이었을까요? 바로 '자신이 추구하는 일에 의미가 있다고 확신한다'라는 것이었습니다.

우리가 더 유능해지고, 행복해지기 위해서는 모든 일에서 '의미'를 찾아야 합니다. 할 수만 있다면 스스로 공부의 신, 그 이상의 변화의 신, 희망의 신이 될 수 있으면 좋겠어요.

모든 상황 속에서 '긍정의 의미 찾기'는 쉬운 일은 아닙니다. 왜냐하면 우리의 본성과 맞지 않기 때문이에요. 그러므로 의도적인 긍정 훈련이 필요합니다. '내 인생의 긍정 대본'을 써보는 거예요. 조벽 교수님은 《희망 특강》이라는 책에서 다음과 같이 이야기했습니다.

"긍정적인 인생 대본을 지닌 사람은 포기할 이유가 없습니다. '넌 성공할 거야. 널 믿는다!'라는 말을 들어온 사람은 실패하더라도 주저앉지 않고 오뚝이처럼 다시 도전합니다. 좌절, 포기, 절망 대신 재도전과 희망을 선택합니다."

사실 인생은 스스로 개척하며 사는 것이지만 100퍼센트 순수 자수성가는 아니라고 생각해요. 말콤 글래드웰의 《아웃라이어OUTLI-ERS》를 보면 성공한 아웃라이어는 문화라는 맥락 속에서 나타난 것이라고 할 수 있습니다. 앞에서 언급한 싸이의 성공도 강남이라는 문화, 한국적 문화, K-POP이라는 문화 속에서 나타난 아웃라이어입니다.

여러분에게 가장 큰 영향력을 행사하는 문화는 무엇인가요? 가정문화, 학교문화, 친구문화가 아닐까요? 하지만 알게 모르게 부정적인 인생대본(문화)를 쓰고 있다는 생각이 듭니다. 이제는 의도적으로 긍정의 문화를 선택해야 하겠습니다. 그 실천의 하나가 바로 '긍정의 의미 찾기'입니다.

이것은 일기 쓰기, 꿈 노트 쓰기를 통해서 꾸준히 실천할 수 있습니다. SNS에 기록하는 방법도 있어요. 원치 않게 어려움을 당했을 경우, 서로 의미를 찾아줄 수도 있습니다.

예전에 발목을 다쳐서 두 달 동안이나 반깁스하고 출퇴근을 한 적이 있었습니다. 갑작스런 사고로 이렇게 되니 너무나 힘들고 답답했어요. 활동량이 많은 저로서는 더욱 그랬습니다. 체육수업이 있는 날은 아이들에게도 미안했습니다. 하지만 곰곰이 생각하면서 나만의 '긍정의 의미'를 찾을 수 있었어요. 물론, 답답은 했지만 그동안 내가 누렸던 자유로움에 대해 감사하게 되었지요. 조용히 앉아서 책 읽기에 몰입하게 되었으며, 내적으로 성장하는 기회가 되었답니다. 그것이 기회가 되어 글을 쓰는 작가가 되었는지도 모릅니다.

나를 긍정하는 한 가지를 찾아라

"굼벵이도 구르는 재주만 있으면 산다"라는 말이 있습니다. 굼벵이는 비록 많은 재주가 있는 것은 아니라서 주목받을 수는 없지만 단한 가지에 집중합니다. 그 한 가지로 승부를 겁니다. 그래서 보란 듯이 잘 살아갑니다. 반면에 오지랖이 넓다는 말도 있어요. 자기 일에 온전히 집중하지 못하고 여기저기 모든 것에 관여한다는 것이죠. 이런 사람은 참 많은 것을 하는 것 같지만 실속이 없는 경우가 많아요.

옛말에 "한 우물을 파라"라는 말은 문어발처럼 온갖 것을 하려 들지 말고 한 가지에 집중하도록 교훈을 줍니다. 하지만 우리의 현실은 그렇지 않아요. 만능을 요구합니다. 또는 멀티태스커가 되기를 강요해요. 모든 과목을 잘해야 인정받을 수 있습니다. 그래서 한 가지에 집중하기가 어려운 거예요.

하지만 그런데도 결론은 '한 가지에 집중하는 것'입니다. 게리 켈러와 제이 파파산이 지은 《원씽The one thing》이라는 책에서는 복잡한 세상을 이기는 단순함의 힘으로 "한 가지에 집중하라!"라고 합니다.

비록 사물이긴 하지만 돋보기의 경우를 생각해볼까요? 돋보기만의 특징이라면 '확대'와 '빛 모으기'가 있습니다. 그중 빛 모으기를 생각해 봅시다. 돋보기로 초점을 맞추면 어떤 일이 벌어지나요? 놀라운 힘이 발생합니다. 그래서 어떤 물체든 태울 수가 있게 됩니다. 그런 힘이 돋보기에 잠재된 거예요. 돋보기의 크기와 가격은 상관없습니다. 아무리 초라한 돋보기라 하더라도 초점을 잘 맞춘 다음 일정 시간 집중하기만 하면 같은 결과를 얻을 수 있습니다. 그러나 만약 돋보기가 자신의 이런 능력을 모른다면 어떻게 될까요? 제대로 기능을 하지 못한 채 쓸모 없어지고 말 거예요.

많은 사람이 자신이 가진 재능을 잘 모릅니다. 안다 해도 과소평가하는 경우가 많아요. 누군가와 비교하면서 자신을 초라하게 생각하죠. 그래서 아무것도 할 수 없다고들 말합니다. 그러나 상대적으로 초라해 보이는 것이지 사실은 그렇지 않아요.

그럼 그것의 위력을 경험하기 위해서는 어떻게 해야 할까요?

자신이 가진 에너지의 한계량을 겸손히 인정하고 에너지를 보호하며 효율적으로 집중해야 합니다. 하지만 많은 사람은 자신의 에너지를 쓸데없는 곳에 허비하길 잘해요. 휴대폰을 만지작거리다가 원치 않게 소중한 시간을 날려버립니다. 유튜브를 시청하다가, 카톡을 주고받다가, 이 사람 저 사람 만나다가… 속절 없이 시간을 허비합니다. 이런 식으로 빠져나가는 우리의 에너지는 상상을 초월해요.

휴대폰, 노트북, 컴퓨터 등 전자기기에는 절전 기능이 있습니다. 이것은 다름 아닌 한 가지에 집중시키는 거예요. 쓸데없는 것에 에너지가 소모되지 않도록 중요한 한 가지에만 반응하도록 하는 것이죠. 원치 않는 곳에 에너지가 누수되지 않도록 하는 것입니다. 최적화가 잘 된 전자기기는 속도가 빠릅니다. 배터리도 당연히 오래가지요. 그러므로 **내가 가진 것을 불평하며 무능함에 빠지기보다는 내가 잘할 수 있는 것, 하고 싶은 것을 찾아야 합니다.** 그리고 그것에 모든 에너지를 집중시켜 보세요. 그러면 누구나 긍정적이고 성공적인 삶을 살 수 있을 거예요.

그럼 여러분만의 잘할 수 있고 하고 싶은 한 가지는 무엇인지 생각해 보세요. 아이돌 춤추기, 영상 편집하기, 영화리뷰쓰기, 공던지기, 마술로 사람들 즐겁게 하기, 강아지 키우기, 엔트리 코딩하기, 휴대폰으로 영상 촬영하기 등 다양하게 발견할 수 있답니다.

무지개 원리로 긍정하라

무지개는 희망을 상징합니다. 무지개는 비가 온 후에만 볼 수 있어요. 흐린 하늘은 우중충하지만 무지개로 인해 온 하늘이 아름답게 느껴지지요. 살다 보면 늘 웃을 수만은 없습니다. 실패할 때도 있고, 다람쥐 쳇바퀴 도는 것처럼 지루하고 답답할 때도 있습니다. 이럴 때 무지개를 생각해 보세요. 여러분의 삶 속에 이런 무지개와 같은 것이 있다면 그것은 무엇일까요?

저는 꿈이라고 생각해요. 꿈이 있으면 비로소 희망을 노래할 수 있거든요. 꿈이 없다면 어떨까요? 웬만한 감동이 아니고는 감탄할 수 없고, 웃을 수도 없는 동심 빠진 어른들처럼 될 것입니다.

차동엽 신부님은 《무지개 원리》에서 다음과 같은 일곱 가지 원리를 말씀하셨습니다.

1. 긍정적으로 생각하라!

현재의 삶에 변화를 원한다면 긍정적이고, 적극적인 사고로 '생각의 길'을 다시 만들어야 합니다. 아직 존재하지 않는 미래 때문에 두려워할 필요가 없습니다. 걱정과 근심은 오히려 진취적인 사고를 방해할 뿐입니다.

2. 지혜의 씨앗을 뿌려라!

인생의 좌표가 될 긍정적인 명언이나 가르침을 보이는 곳에 붙여 두고 수시로 읽고 생각하는 게 좋다고 합니다.

3. 꿈을 품어라!

긍정적인 사람이 꿈을 가질 수 있습니다. 자신의 잠재력에 한계를 두지 말고 높은 목표를 세워야 합니다. 높이 나는 새가 멀리 볼 수 있는 것입니다.

4. 성취를 믿어라!

가능성을 염두에 두고 늘 도전하는 삶을 살 때 결국 성취하게 됩니다.

5. 말을 다스리라!

자신이 뱉은 말은 부메랑이 되어 결국 나에게로 돌아옵니다. 긍정적인 말을 해야 하는 이유입니다.

6. 습관을 길들이라!

하루하루 승리하는 긍정의 습관을 길들여야 합니다. 특히, 감사하는 습관!

7. 절대로 포기하지 마라!

포기하지 않는 자에게 미래가 있습니다.

저는 《페이퍼 파워》라는 책을 읽다가 즉흥적으로 편지 보내기를 시도하게 되었어요. 아예 매주 월요편지를 발송하겠다고 선언했습니다. 누군가와의 소통을 통해 의미 있는 생활을 해보고 싶었기 때문입니다.

전부 합쳐서 백여 편의 편지를 쓴 것 같아요. 처음 몇 번은 그럭저럭 감당했지만 어느 시점이 되니까 '내가 과연 이것을 끝까지 할 수 있을까?'하는 의문이 들었습니다. 때로는 이것을 왜 시작했는지 후회가 되기도 했어요. 미루거나 빼먹고 싶었고, 포기하고도 싶었습니다. 하지만 이때 제가 사용한 원리가 '절대로 포기하지 마라!'였습니다. 결국 특별한 경험이자 절대 작지 않은 성공 경험이 되었습니다. 이것이 계기가 되어 계속 글을 쓰게 되었답니다.

자신의 꿈을 이루기 위해서는 구체적인 계획과 실천은 필수입니다. 아마도 수많은 유혹과 장애물들이 여러분을 기다리고 있을 거예요. 그러나 이 무지개 원리를 기억하고 어떤 어려움에도 절대 포기하지 마세요. 무지개 원리가 여러분의 삶 속에서 아름답게 빛날 수 있습니다.

부정이 긍정 될 때까지

저는 유난히 개를 좋아했어요. 그래서 시골집에는 항상 개가 있었답니다. 우리 가족은 개 이름을 무조건 메리라고 불렀어요. 두 마리가 있어도 다 메리였지요. 메리는 항상 저를 보면 꼬리를 흔들어 주었어요. 제가 다가가면 덩그러니 뒤집어 지거나 마구 핥아대고 껑충껑충 뛰어오르기도 하며, 때로는 오줌도 지렸지요.

학교가 끝나고 집에 도착할 때가 되면 메리는 이미 마을 입구에 대기하고 있다가 저를 격하게 환영해 주었습니다. 사실 귀찮은 점도 있었어요. 아침 등굣길에 저를 계속 따라오는 거예요. 그러다가 차가 많이 다니는 혼잡한 읍내까지 따라오기도 했습니다. 그때마다 돌을 던지는 척을 했어요. 그리고 실제로 던지기도 했답니다. 물론 겁주기 용이었지요.

마을의 개들이 다 우리 집 메리 같지는 않았습니다. 성질이 나빠보이는 개도 더러 있었어요. 저는 그런데도 그 개들과 친구가 되기 위해 온갖 정성을 기울였습니다. 음식을 나눠주기도 하고, 서서히 다가가서 결국 친구가 된 경우도 많았어요. 심리학에서는 '체계적 둔감법'이라는 것이 있는데 저는 개의 관점에서 이 방법을 적용한 것 같아요. 서서히 두려움은 줄이고 친근감을 높여서 마침내 개에게서 '나'라는 사람에 대한 두려움을 없애주는 것이지요.

하지만 제가 일곱 살 때로 기억합니다. 체계적 둔감법 같은 원리를 모르던 시절이었지요. 어설프게 친해진 상태에서 옆집 검둥이에게 들이댔습니다. 아마 그 개도 당황했을 거예요. 지금까지 저처럼 막무가내로 들이댄 사람은 없었을 테니까요. 제가 머리를 쓰다듬어주다가 개의 꼬리를 만지려는 순간 손을 물리고 말았습니다. 아마 개는 자기를 공격하려 한다고 느꼈나봐요. 제법 개 이빨 자국이 선명했던 것으로 기억해요. 그래서 울고불고 난리를 쳤지요.

그런데 문제는 아버지의 말이었습니다. 아들에 대해 겁을 주어서 조심성을 기르려고 하신 듯해요. 아버지는 개한테 물린 저에게 "너 죽을 수도 있어!"라고 하셨습니다. 아버지는 그런 것으로 절대 안 죽는다는 것을 아셨기 때문에 일부러 장난처럼 말씀하셨던 것 같아요. 하지만 저는 어린 마음에 죽는다는 것이 너무 무서웠습니다. 감당하기 힘들 정도로 두려움에 시달렸어요. 곧 죽을 사람처럼 엉엉 울었습니다. 그런데 안 죽더라고요. 물론 개에게 물려서 죽은 사람도 있긴 합니다. 그런 일이 절대 일어나지 않도록 조심하고 철저히 예방해야겠지요.

개에게는 긍정과 부정이 다 있는 것 같아요. 지금은 많은 사람이 개를 반려견 삼고 있어요. 심지어 가족처럼 지내기도 하지요. 개에 대한 긍정성이 엄청나게 높아진 것입니다. 과거에 '개'자가 들어가면 대부분 부정적이었어요. 개XX, 개떡, 개살구, 개꿈, 개고생 등. 하지만 요즘엔 매우 긍정을 뜻하는 말로 쓰이는 경우가 많아졌습니다. 개좋아, 개맛있어, 개잘생겼어 처럼요.

우리가 생각하는 부정적인 것들을 이렇게 긍정적으로 변화시킬 필요가 있습니다. 마치 개를 훈련하듯이 말이죠. 그래서 반려견 삼듯이 하는 거예요. 어떤 사람에게는 개가 공포의 대상일 수도 있습니다. 그렇다면 체계적 둔감법을 써서라도 그 공포심을 줄여나가야 할 거예요. 당장 긍정이 안 될 수도 있습니다. 저처럼 물릴 수도 있어요. 그럼 개통령 같은 분의 도움을 받을 수도 있어요. 긍정의 대가들에게 노하우를 전수 받을 수도 있고, 긍정학교라는 곳에서 배워볼 수도 있습니다. 부정적인 것들이 잘 길들여져서 그것이 애완견이나 반려견처럼 친근해질 때까지 노력하는 자세가 필요해요. 얼마든지 부정이 변해서 긍정이 될 수 있거든요.

∴ 체험1. 높임말로 긍정을 시도하다

저는 부모님에 대한 부정적인 생각이 있었어요. 두 분 모두 언어청각장애가 있으셔서 학교를 못 다니셨습니다. 그래서 일반적인 언어소통이 쉽지 않았어요. 부모님께서도 언어적으로 소통이 어려우니 답답할 때는 자녀들에게 소리도 지르시고 등짝 스매싱을 날리기도 하셨습니다. 아직도 어머니에게 부지깽이로 맞았던 어린 시절의 기억이 있어요.

동네 사람들은 이런 부모님을 은근히 무시했습니다. 그래서인지 저도 부모님을 무시하는 말과 행동을 가끔 했던 것 같아요. 친구들에게 부모님 소개하는 것을 주저했고, 학교 방문 같은 행사가 있을 때면 저는 창피함을 느꼈습니다.

그러다가 초등학교 고학년 무렵, 이렇게 살면 안 되겠다는 생각이 들었어요. 그래서 시작한 것이 높임말을 사용하는 것이었어요. 아주 우연히 시작되었습니다. 무조건 '요'자를 붙였어요. 일종의 체계적둔감법의 시작이었던 것 같아요. 왜냐하면 '요'자를 사용해서 말을 하면 나 자신이 긍정되는 느낌이 있었어요. 상대에게 더 진정성을 줄 수 있다는 것도 느꼈습니다.

그러자 부모님의 반응이 달라지기 시작했어요. 말의 강도가 누그러졌고, 눈빛도 순해졌다고 할까요? 참 신기했습니다. 이를 계기로 확신을 갖게 되었고 높임말 사용을 지속할 수 있었습니다. 어느 순간부터 부모님은 저를 무조건 신뢰하셨어요. 제가 어떤 말을 해도 믿어주신다는 것을 느꼈습니다. 그렇다고 해서 제가 이런 점을 이용했을까요? 관계성이 좋아지니까 너무 행복해서 절대로 옛날로 돌아가고 싶지 않았습니다. 부모님을 실망하게 해 드리지 않고자 더 노력하게 되었어요. 이런 것을 선순환이라고 합니다. 선순환하면서 발전하게 되는 거예요. 어느새 저에게 부모님은 부정에서 긍정이 되었습니다. 순수, 순진, 다정, 헌신같은 긍정의 존재로 바꾸게 되었답니다.

❖ 체험2. 반복으로 공부를 긍정하다.

《7번 읽기 공부법》의 저자인 야마구치 마유는 도쿄대 법학과 수석 졸업 변호사입니다. 그는 초등학교 6학년 때 법조인에 대한 꿈을 갖게 되었어요. 우연히 본 〈관료들의 여름〉이라는 드라마를 통해서였습니다. 이렇게 꿈은 우연의 모습으로 다가와서 운명적인 만남으로 시작되는 것 같아요. 하지만 그는 자기 이해 영역의 지능이 높았던 것 같습니다. 자기 머리로는 도쿄대 법학과에 입학하는 것은 불가능에 가깝다는 결론을 내렸어요.

그래서 이리저리 궁리하다가 반복을 택했습니다. 그렇게 자기만의 7번 반복 학습법을 창안하게 되었어요. 단순하게 반복하는 학습처럼 보이지만 이 또한 체계적 순차적 긍정 현상이 나타납니다. 공부도 이렇게 할 수 있습니다. 처음에는 보기도 싫었던 것이지만 보고 또 보게 되는 거예요.

처음 낯선 길을 찾아갈 때의 심정이 어떤가요? 두렵기도 하고 불안하기도 하지요. 시행착오도 많이 겪게 됩니다. 하지만 같은 길을 두 번 세 번 가게 되면 아무리 복잡한 길도 익숙해지기 마련입니다. 어느새 두려움은 사라지고 편안한 마음으로 길을 걷게 되는 거예요. 7번 읽기 공부법도 마찬가지입니다. 반복할수록 점점 익숙해지고 쉬워지는 것입니다.

저는 중학교 시절부터 정확히 7번은 아니지만 비슷한 공부법을 실천하고 있었던 것 같아요. 신기한 것은 반복으로 학습에 대한 긍정심을 갖게 되었다는 것입니다. 학습의 결과는 야마구치 마유만큼은 아닐지라도 충분히 성공적이었습니다.

✢ 체험3. 인사로 인간관계를 긍정하다

저는 앞 이야기처럼 부모님을 긍정하자 나 자신을 긍정할 수 있었습니다. 그러자 성적도 제법 오르게 되었어요. 그리고 제가 원하던 교대에 입학하여 교사가 될 수 있었습니다. 하지만 사회생활은 절대 쉽지 않았어요. 사람들과 협력적으로 소통한다는 것이 저에겐 고차함수보다 어려웠던 것 같아요.

이때 제가 사용한 방법이 '인사'였습니다. 전옥표의《이기는 습관》이라는 책을 읽고 한 가지 깨달음이 있었기 때문이에요. 그래서 상대가 누구든 열심히 인사를 했습니다. 고개를 숙여 존중을 표했고, 입으로는 적극적인 자세로 상대의 안녕을 외쳤어요.

그러자 삶에 변화가 느껴졌습니다. 통계적으로 조사를 한 것은 아니지만 저를 향한 사람들의 우호적인 평가가 피부로 느껴졌어요. 저를 옹호해 주시고 지지해 주셨습니다. 까다로운 분과의 관계가 한 번의 인사로 좋아지는 것은 아니었습니다. 하지만 묵묵히 인사했어요. 받든지 말든지 저는 무조건 인사했습니다. 그리고 마침내 그런 분마저도 마치 성벽이 무너지는 것처럼 저를 향한 경계심, 적개심이 무너졌고 좋은 관계성을 가질 수가 있었어요.

저의 이런 경험은 여기서 끝나지 않았습니다. 체험적으로 경험이 된 것은 다른 부정적인 것들까지도 계속 영향을 주거든요. 나 자신과 주변 사람들에 대해서, 공부와 진로에 대해서까지 긍정적인 영향을 주었습니다. 여러분들도 이런 식의 변화를 시도해 보면 좋겠습니다. 아주 쉽다고 말하지는 않겠어요. 하지만 누구나 할 수 있는 것이라고 강조하고 싶어요. 주저하지 말고 먼저! 직접! 자기 주도적으로! 변화를 시도해 보세요. 긍정으로 하면 가능합니다. 파이팅!

즐겨야 이긴다

"천재는 노력하는 사람을 이길 수 없고, 노력하는 사람은 즐기는 사람을 이길 수 없다"라는 말이 있어요.

이렇게 '즐기는' 태도는 긍정적인 사람의 트레이드마크입니다. 즉 긍정적인 사람이 즐길 수 있고 결국 그가 이기는 삶을 살게 된다는 거예요.

그래서 공자께서도 《논어》 옹야편에서 다음과 같이 말했어요.

"알기만 하는 사람은 좋아하는 사람만 못하고, 좋아하는 사람은 즐기는 사람만 못하다."

레오나르도 다빈치는 더 힘주어 말합니다.

"일(공부)을 즐겁게 하는 자는 세상이 천국이요, 일(공부)을 의무로 생각하는 자는 세상이 지옥이다."

이렇게 모든 일을 즐기면서 감당할 수 있는 사람이 진정한 성공자인 거예요. 순서가 중요하다고 생각해요. 이와는 반대로 '성공한 사람만 즐길 수 있는 것 아닌가요?'라고 생각할 수도 있어요. 물론 그럴 수도 있습니다. 하지만 닥친 고난과 시련을 감당하지 못해서 패배자가 되는 경우가 너무나 많다는 것을 강조하고 싶어요.

영화 〈밀리언 달러 베이비〉에 나오는 다음 대사를 눈여겨볼 필요가 있습니다.

"권투는 너무 힘든 스포츠야. 네 몸이 망가지고 코뼈도 부러지지. 그러나 네가 그 고통을 무서워하지 않고 즐긴다면 네 몸에서는 신비한 힘이 솟아날 거야!"

이렇게 즐기는 방법을 알고 있는 사람은 자연스럽게 미소가 많아집니다. 여유가 있습니다. 저는 웃지 않고 보낸 하루는 실패한 하루라고 생각해요. 물론 상황이 전혀 좋지 않은 날도 있습니다. 그런데 허허 웃는다는 것이 약간은 어울리지 않을 수도 있습니다. 하지만 이 또한 내공 아닐까요?

그래서 "피할 수 없으면 즐기라"라는 말이 일리가 있다고 생각해요. 피할 수 없는 것들이 참 많지요. 학생에게는 학업이 그렇습니다. 공부는 피하려고 하면 할수록 고통스럽고 체감상 더 무거워지기만 해요. 그러니 이왕 할꺼 즐기면서 해보자고요.

누구나 왜 공부해야 하는지, 공부의 이유와 필요성을 묻습니다. 그것을 깨닫게 되면 열심히 하겠다고 하지요. 하지만 공부는 이성적으로 깨닫는 것이 아니라 마음이 하는 것입니다. 나의 마음이 그것을 언제 깨닫게 될지는 아무도 몰라요. 그때를 기다리는 것이 더 힘든 일일 수 있어요. '알고 믿는다가 아니라 믿고 안다'가 되어야 합니다. 일단 공부를 믿고, 나를 믿고, 선생님을 믿고, 부모님을 믿고 해보는 거예요. 그렇게 하다 보면 알게 되는 거죠. '공부가 즐거운 거구나!'라는 긍정적인 느낌이 싹틉니다.《공부가 제일 쉬웠어요》의 저자 장승수 변호사가 그랬습니다. 그러므로 일단은 해야 합니다. 하면서 '어떻게 하면 더 즐길 수 있을까?'를 궁리해 보세요. 결국 공부를 즐기면서 할 수 있게 됩니다.

저는 고등학교 3년 동안 치열하게 공부했습니다. 우리나라 최초 전교생 기숙 고등학교에서 밤낮, 새벽까지 정말 치열하게 살았던 것 같아요. 하지만 불행하게도 즐기는 법을 몰랐어요. 그저 닥치는 대로, 막무가내 정신으로 했습니다. 공부의 맛이 어떠한지 음미도 못한 채 '닥치고 공부!'의 자세로 했던 것 같아요. 이런 저의 마음이 긍정적이었을 리 없습니다.

하지만 입시 실패를 통해 나의 이런 부정적 정서를 깨달을 수 있었습니다. 그래서 재수 생활은 무조건 즐겁게 하고자 했어요. 서울의 유수학원에 등록하는 것은 언감생심이었습니다. 그렇다고 해서 이런 가난한 형편을 탓하지는 않았어요. 오히려 나만의 속도로, 나만의 따뜻한 분위기 속에서, 나만의 재미있는 방법으로 공부하고자 했습니다.

때로는 세상에 하나뿐인 내 편 같았던 메리(개)를 데리고 들판으로 나가 역사 공부를 했어요. 메리에게 강의하고 묻고 질문도 했지요. 메리는 당황했을 거예요. 하지만 메리도 주인의 이런 돌발적인 모습을 즐기는 듯 보였습니다. 마당이 보이는 마루에 앉아 신선놀음하듯 영어 지문을 읽고 문제 풀이를 하기도 했어요. 때로는 시골 독서실에서 하루 종일 틀어박혀 수학 문제와 씨름하기도 했습니다. 그러다가 저녁 들판을 가로질러 집에 돌아올 때면 개굴개굴 개구리 소리가 온 세상을 간지럽혔어요.

그래서 결국 웃었지요. 얼굴을 활짝 펴고 웃어보라며 저를 응원하는 것 같았거든요. 하루하루 이런 식의 긍정이 계속되었습니다. 이후 저의 성적은 놀랍도록 상승했고 원하는 학교에 합격할 수 있었어요.

한 방의 멋진 성공 샷

여러분 대부분은 아직 골프 경험이 없을 거예요. 저도 워낙 걷기 운동을 좋아하고 틈만 나면 걷고 있으므로 골프와 친해질 기회는 없었습니다. 하지만 항상 궁금한 게 있었어요. 그것은 '사람들이 왜 골프 애호가가 되는 것일까?'였어요. 운동량이 많아 보이지도 않고, 땀을 흘리는 운동도 아니고… 도대체 왜?

대부분의 사람은 골프를 친 후에 형편없었던 샷, 실수했던 샷은 잊어버린다고 해요. 대신 그날 멋지게 날렸던 한 방을 기억한다고 합니다. 그만큼 그 기억이 짜릿했던 거지요. 그래서 강렬한 기억으로 머릿속에 남는 거예요. 그 짜릿하고 강렬한 기억 때문에 다시 골프장을 찾게 된다고 합니다. 이렇게 서서히 골프에 빠지게 되는 거예요.

우리도 이 원리를 활용해야 한다고 생각해요. 멋진 성공 경험을 해보는 거예요. 그게 쉽냐고요? 물론 쉽지 않을 수 있지요. 하지만 멋진 성공 경험은 수많은 실수와 실패를 하면서 경험하게 되는 것입니다. **진짜 내공이 있는 사람은 'try again'하는 사람입니다. 그동안의 시행착오를 통해 알게 된 교훈을 바탕으로 다시 한번 해보는 겁니다.**

하지만 우리의 삶은 반대인 경우가 많아요. 성공 샷, 인생 샷, 나이스 샷에 집중해야 하는데 엉뚱한 것에 집중하고 있는 경우입니다. 분명 멋진 인생 샷을 날리긴 했는데 한 가지 실수를 너무 크게 생각하는 거예요. 그날 일어났던 안 좋은 일을 곱씹으면서 잠자리에 든다면 어떻게 될까요? 결국 부정적인 기운에 완전히 사로잡히게 될 것입니다. 아무리 많은 좋은 샷을 날린다 해도 같은 이유로 다 묻히고 마는 거예요. 아무리 좋은 음식을 먹어도 기생충 때문에 결국 다 빼앗기게 되는 것처럼요.

그러므로 우리는 생각의 주파수를 잘 맞춰야 합니다. 순간을 온통 불쾌하고 부정적인 것으로 도배를 할 것인지, 아니면 유쾌하고 긍정적인 것으로 가득 채울 것인지는 결국 여러분의 선택에 달려있습니다. 다음은 긍정적인 선택의 사례들입니다.

- 가장 다행이라고 생각하는 일 곱씹기
- 마음이 따뜻해졌던 칭찬 한마디 생각하기
- 힘이 되어준 친구의 응원 한 마디 붙들기
- 가족과 함께했던 따뜻한 식사 시간의 행복감 떠올리기
- 가슴을 뛰게 했던 책의 내용 다시 묵상해 보기

◆ 사랑이 넘치는 엄마의 다정한 목소리를 눈을 감고 느껴보기

바로 이런 것들이 오늘 여러분에게 있었던 한 방의 멋진 성공 샷입니다. 성공이라는 것이 꼭 거창할 필요까지는 없어요. 얼마든지 작고 소박해도 됩니다. 중요한 것은 그 쾌감, 안도감, 행복감을 먼저 생각하는 거예요. 그리고 계속 곱씹으며 집중해 보는 것입니다. 그런 가운데 잠을 청해보세요. 그럼 내일에 대한 기대가 한층 높아질 겁니다. 꼭 잠드는 시간이 아니어도 돼요. 일기에 써도 되고, SNS에 글을 남겨도 됩니다. 그 순간을 포착해서 수첩에 메모해도 좋아요. 그 느낌을 최대한 자세하게 생각하고, 기록하는 것이 참 중요합니다. 앞으로 기대되는 내용까지 써본다면 금상첨화겠지요. 내일 일어날지 모르는 멋진 인생 샷을 기대하는 것만으로도 충분해요. 아마 부정적인 기운은 더 이상 맥을 못 추게 될 것입니다. 이것을 반복해 보세요. 그러면 삶이라는 것에 중독이 되고 말 것입니다. 결국 오프라 윈프리처럼 다음과 같이 고백하게 될 거예요.

"나는 미래를 바라보았다. 너무 눈부셔서 눈을 뜰 수 없었다!"

내가 -라면 얼마나 좋을까?
& 난 -가 아니라서 다행이야!

뉴욕대학교의 과학자들은 한 가지 재미있는 실험을 했습니다. A 그룹의 학생들에게 '내가 -라면 얼마나 좋을까?'로 4개의 문장을 만들어 보도록 했어요. B그룹의 학생들에게는 '난 -가 아니라서 다행이야!'로 4개의 문장을 만들게 했습니다.

결과는 어땠을까요? 여러분도 이 자리에서 직접 만들어 보면 좋겠습니다.

(A그룹)

1. 내가 (재벌)이라면 얼마나 좋을까? (   )

2. 내가 (아이돌)이라면 얼마나 좋을까? (   )

3. 내가 (전교 1등)이라면 얼마나 좋을까? (   )

4. 내가 (키가 컸다)면 얼마나 좋을까? (   )

1. 난 (거지)가 아니라서 다행이야! (   )

2. 난 (외톨이)가 아니라서 다행이야! (   )

3. 난 (장애가 있는 게) 아니라서 다행이야! (   )

4. 난 (고아)가 아니라서 다행이야! (   )

그리고 곧 이렇게 질문을 했어요.

"여러분은 지금 행복하십니까?"

A그룹은 "아니오, 부러워할수록 내가 더 힘들게 느껴져요."

B그룹은 밝은 얼굴로 이렇게 말했습니다. "문장을 만들기 전보다 훨씬 행복하게 느껴져요!"

이 실험 결과는 무엇을 말해주는 것일까요? "부러우면 지는 거야"라는 말이 있어요. 누군가를 부러워할수록 나 자신이 상대적으로 초라하게 보이는 법입니다. 하지만 다행이라고 생각하면 할수록 긍정적인 마음이 싹트는 것이에요. 그러므로 **다행스러운 것이 무엇인지를 많이 찾아보면 좋겠습니다. 무슨 일이든 행복한 마음으로 할 수 있게 됩니다.**

저도 똑같이 실험을 해보았습니다. 자신에게 묻고 답을 들었어요.

−내가 (   )라면 얼마나 좋을까?

내가 부자라면 얼마나 좋을까? (나는 지금 부자가 아니라서 해외여

행도 자유롭게 못 다니고 지갑을 여는 것에 부담이 있지. 맥북 업그레이드도 못한 채 10년이나 된 구닥다리를 써야 하지, 휴대폰도 바꾸고 싶은데.)

내가 키가 컸다면 얼마나 좋을까? (나는 누구 말처럼 루저인가? 숏다리는 영원히 변할 수 없는 운명인 거야, 나는 키가 작아서 무시 받으면서 살 수밖에 없어.)

–난 (　　　　　)가 아니라서 다행이야!

난 장애가 있는 것이 아니라서 다행이야! (어디든 걸어서 뛰어서 다닐 수 있고, 체육 시간에 아이들과 마음껏 활동할 수 있어, 손가락 한 개만 없어도 자유롭게 글을 못쓸텐데 정말 다행이야!)

난 실업자가 아니라서 다행이야! (매일 출근할 수 있는 직장이 있어서 다행이야. 돈은 많이 벌지 못하지만 아이들과 놀 듯이 재미있게 공부하고 서로 사랑하며 가족처럼 지낼 수 있어서 정말 다행이야!)

잠깐 몇 가지만 생각해 봤는데도 확실히 다르네요. 하나는 저의 자존감을 팍팍 깎아 먹는 느낌인데, 하나는 너무도 감사가 충만해지는 느낌입니다. 이 실험도 말과 생각의 중요성을 강조하는 것이라 생각해요. 긍정적인 삶을 살고자 한다면 앞으로 '다행이야!'라는 말을 많이 해야겠습니다.

누군가를 부러워하는 것이 꼭 나쁜 것은 아니라고 생각해요. 부러움 때문에 자극받아서 발전할 수도 있거든요. 하지만 그러다가 비교 의식과 열등감에 사로잡히기 쉽다는 것이 문제입니다. 자신의 처지를 비관하면서 감사를 잃고 원망과 불평에 빠지기 쉽다는 점이 문제에요. 그러므로 평소 비교하기보다는 만족하는 삶을 선택해야겠어요. 통계에 의하면 선진국이라고 해서 국민의 행복감이 높은 것도 아니고 후진국이라고 해서 행복감이 낮은 것도 아니더라고요. 정말 나에게 좋은 것이 무엇인지 제대로 알게 된다면 당연히 좋은 것을 선택하게 될 거예요.

위 실험은 일종의 프레임 실험입니다. 프레임은 세상을 바라보는 마음의 창문이라고 생각하면 돼요. 세상을 바라보고, 나 자신을 바라보는 창문과 같은 것이지요. 비교 프레임으로 나와 세상을 보면 불행할 수밖에 없습니다. 그래서 부모님이 자꾸 여러분을 누군가와 비교하면 기분이 나쁜 거예요. 하지만 다행 프레임으로 보면 확실히 다릅니다. 이 사실을 알게 되어 다행입니다. 그리고… 이 책을 읽게 되어 참 다행이지요?

돕는 자의 쾌감(Helper's High)

주는 자가 행복할까요? 아니면 받는 자가 행복할까요? 언뜻 받는 자가 더 행복할 것 같습니다. 이것을 정확하게 입증한다는 것이 쉽지는 않지만 몇몇 과학자들에 의해 밝혀진 내용을 살펴보겠습니다.

'러너스 하이runner's high'라는 말을 들어본 적 있나요? 마라톤 선수들이 뛰다 보면 견디기 힘든 위기가 온다고 해요. 하지만 그것을 잘 넘길 때 찾아오는 일종의 쾌감이 러너스 하이입니다. 계속 격렬하게 달리다 보면 어느 순간 몸에서 엔도르핀과 도파민이 분비 되어 쾌감을 느끼게 되는 거예요. 하지만 이것은 지속시간이 짧다는 것이 단점입니다. 짧은 몇 시간에 불과해요.

하지만 오랫동안 지속이 되는 쾌감이 있다고 합니다. 그게 바로 '돕는 자의 쾌감'이지요. 말 그대로 누군가를 도와주면서 느끼게 되는 마음의 기쁨입니다. 이것은 짧으면 일주일, 길면 몇 달 동안이나 지속이 된다고 해요. 때에 따라서 몇 년이 될 수도 있다고 하니 우리의 긍정적인 삶을 위해 관심을 안 가질 수가 없습니다.

이 용어는 미국의 심리학자 럭스가 만들었어요. 그는 자원봉사자 3000명을 대상으로 설문조사를 진행했습니다. 이 중 95퍼센트가 남을 도울 때 강한 쾌감을 느낀다고 했어요. 그뿐만 아니라 자신의 건강이 또래보다 매우 좋다고 했습니다. 실제 검진 결과에서도 그들은 다른 사람들보다 훨씬 건강한 것으로 밝혀졌어요.

미시간 대학 연구팀에 의해 진행된 '남을 돕는 습관과 수명 사이의 관계 연구'도 주목할만 하다고 생각합니다. 대상은 노인 부부 423쌍이었어요. 남을 돕는 습관이란, 대단한 것이 아니었습니다. 가족 또는 이웃이나 친구 등을 위해 차량 제공하기, 운전해 주기, 아이 돌봐주기, 집안일 해주기, 시장 봐주기 같이 일상의 작은 일들이었어요. 조사하는 동안 134명의 노인이 돌아가셨습니다. 돌아가신 분들의 대부분은 돕는 일에 인색한 분들이었어요. 남을 돕는 일에 인색한 사람들이 그렇지 않은 사람들보다 2배 이상 사망률이 높았다고 합니다. 그뿐만 아니라 도움만 받아왔던 노인들의 건강도 전혀 좋아지지 않았다는 거예요.

그래서 이 연구를 맡았던 브라운 교수는 이렇게 말했습니다.

"남에게 주기만 하는 사람들이 물질적으로는 손해 보는 것 같지만, 사실은 득을 보는 것입니다."

빅터 프랭클 박사의 《삶의 의미를 찾아서》라는 책이 있습니다. 책에는 나치 강제 수용소 생존자들이 어떻게 생존할 수 있었는지가 생생하게 기록되어 있었어요. 그 이유 중 하나가 '남을 도와주려는 마음'이었습니다. 극한의 굶주림 속에서 하루 한 번만 제공되는 빵 한 조각을 신음하는 동료에게 기꺼이 넘겨준 사람, 쓰러져 가는 동료를 부축해 주곤 했던 사람들이 끝까지 생존했다고 해요. 저자는 "인간은 남을 도와주면서 강해진다는 진리를 매일 확인 할 수 있었다"라고 고백하고 있습니다.

그럼 다시 물을게요. 주는 자가 행복할까요? 아니면 받는 자가 행복할까요? 주는 자가 더 행복하다는 것을 우리는 실험의 결과를 통해 알 수 있었습니다. 내가 누군가에게 도움이 된다는 것 자체가 자신에게 기쁨을 줍니다. 일종의 자신이 꼭 필요한 사람이라는 생각인 자기효능감 때문이라고도 할 수 있어요. 스스로에 대한 긍정적인 마음이 싹트는 것입니다.

후배 교사 중에 하나가 급훈을 다음과 같이 정했어요. "배워서 남 주자." 저는 그 교실을 방문할 때마다 그 급훈을 보며 색다른 감정을 느끼곤 했습니다. 왠지 넓어지고 확장되는 느낌? 빅픽처가 그려지는 느낌! 자기중심적이고 이기적인 꿈을 벗어나 이타적인 비전을 갖는 것 자체만으로도 가슴이 뛴다는 것을 알 수 있었습니다.

케냐 나이로비에서 얼마든지 안과의사로서 잘살 수 있었지만 굳이 오지에 들어가서 일하는 한 의사가 있었습니다. 국제구호활동가인 한비야가 그에게 물었어요.

"당신 같은 엘리트가 왜 여기서 이런 일을 하게 되었나요?"

그의 답은 다음과 같았습니다.

"물론 나이로비에서는 돈을 많이 벌 수 있었겠지요. 하지만 나의
재능을 돈 버는 것에만 쓰기에는 너무 아깝지 않나요? 무엇보다 이 일
이 내 가슴을 뛰게 하기 때문입니다!"

나만의 미꾸라지를 찾아라

저는 초등학교 시절 용돈이라는 것이 없었습니다. 시골에서는 아이들에게 용돈이라는 개념 자체가 없었어요. 그래서인지 초등생일지라도 용돈을 갈망하는 마음이 간절했습니다. 아주 소박한 꿈이었지요. 그러다가 한 가지 정보를 얻게 되었습니다. 미꾸라지를 잡아서 읍내에 팔면 돈이 된다는 것이었어요. 모두가 흥분하기 시작했습니다. 오직 미꾸라지를 잡아야 한다는 한 가지 목표 아래 우리는 의기투합했어요.

준비물은 삽 한 자루와 깡통 하나면 되었습니다. 가을걷이가 끝난 논에는 많은 미꾸라지가 살고 있었어요. 그들만의 구멍을 파고 그 안에 들어가서 살았습니다. 거기서 겨울을 보내는 거예요. 미꾸라지는 봄이 와서 논에 물이 들어차면 구멍에서 나와 다시 활동하게 됩니다.

하지만 도대체 이 미꾸라지 구멍은 어디에 있는 것일까요? 눈에 보이는 아무 구멍이나 팠더니 글쎄 뱀이 나오거나 다른 엉뚱한 생물들이 나오기도 했어요. 우리는 연구하기 시작했습니다. 그러다가 미꾸라지 구멍만의 특징을 발견할 수 있었어요. 아주 부드럽고 연한 빛깔의 흙으로 위장되어 있다는 것이었지요. 우리는 이것을 미꾸리 곱슬머리라고 불렀습니다. 그런데 문제는 이런 구멍을 찾는다는 것이 쉽지 않았다는 거예요.

> **나만의 미꾸라지 구멍 찾는 방법**
>
> **첫째,** 미꾸라지 구멍을 찾기 위해 몰입한다.
>
> **둘째,** 찾고 찾고 또 찾는다.
>
> **셋째,** 약간의 가능성만 보여도 일단 파본다.
>
> **넷째,** 못 찾더라도 크게 실망하지 않는다.
>
> **다섯째,** 다른 사람과 비교하지 않는다.
>
> **여섯째,** 반드시 찾을 수 있다 믿고 계속 찾는다.

미꾸라지를 잡는 것은 또 다른 문제입니다. 일단 구멍을 찾아야 하니까요. 어린 시절 저는 이 과정을 무한반복 하면서 긍정을 배웠습니다. 미꾸라지 구멍이라는 가능성을 끊임없이 생각해야 했어요. 흙을 파다가 실망도 많이 했습니다. 하지만 마침내 찾게 되었을 때 그 짜릿함은 표현이 어려울 정도였어요. 나도 할 수 있다는 생각이 없으면 계속할 수가 없었어요. 부정적인 생각이 들어오면 바로 앞에 있는 것도 놓치기 일쑤였습니다. 하지만 이것을 계속할 수 있었던 것은 마침내 성공했을 때의 그 쾌감 때문이었어요.

'왜 나만 못 찾는 거야?' 하면서 부정적으로 되거나 남과 비교하면서 불평하던 친구들은 포기하고 집으로 돌아가곤 했습니다. 하지만 그 긍정의 기쁨을 알기에 그런 일은 거의 일어나지 않았어요.

구멍을 찾았다고 해서 끝난 것은 아닙니다. 어쩌면 더 중요한 일이 남았어요. 미꾸라지를 안전하게 잡는 것입니다. 구멍 안에 내가 찾는 미꾸라지가 있다는 사실 자체가 기쁨이었어요. 그래서인지 흙을 파내는 고된 노동은 전혀 힘들지 않았지요. 나만의 꿈을 찾은 사람도 마찬가지입니다. 그 꿈 자체가 기쁨이 되거든요. 그래서인지 꿈을 이루는 데 필요한 수고와 노력도 기쁨의 과정이 되는 것입니다.

이후 조금씩 늘어가는 미꾸라지 숫자를 지켜보는 것도 큰 즐거움이었어요. 이렇게 모은 미꾸라지를 팔아 마침내 그토록 원하던 용돈을 얻을 수 있었습니다. 나의 온 정성을 기울여 얻은 소중한 결과물이었어요. 가슴 저미는 벅찬 감동이 저를 사로잡았답니다. 우리는 태어나서 처음으로 내돈내산 짜장면 곱빼기 먹방을 했고, 남은 돈은 얼마 안 되지만 나름 두둑한 용돈이 되었어요.

미꾸라지는 우리가 찾고 기대하는 '꿈', '좋은 성적', '기쁨', '행복', '성공'들이라고 할 수 있습니다. 우리는 매일 이런 나만의 미꾸라지를 잡기 위해 삽질을 무한반복하고 있는지도 몰라요. 학창 시절이 그렇습니다. 옆에서 '찾았다!'를 외치며 기뻐할 때 상대적으로 조급해질 수도 있어요. 왜 나만 못 찾는 거야? 하며 불안해 할 수도 있습니다. 하지만 마음을 가다듬고 위의 여섯 가지 방법을 생각해 보세요. 그럼 반드시 그토록 바라던 나만의 미꾸라지 구멍을 찾을 수 있고, 기쁨의 미꾸라지도 잡을 수 있을 것입니다.

쿵푸팬더의 특별한 깨달음

〈쿵푸팬더〉애니메이션은 상영 당시 큰 인기가 있었습니다. 주인공 포는 국숫집 아들로서 아버지와 함께 국수 사업을 하고 있었어요. 하지만 그에게는 다른 꿈이 있었습니다. 그것은 '용의 전사(드래곤 워리어)'가 되는 것이었지요. 전설에 나오는 용의 전사가 되어 쿵후를 뽐내고 세상을 구하는 것이 그의 간절한 꿈이었습니다.

하지만 그는 게으르고 먹을 것을 탐하는 뚱뚱한 곰에 불과했어요. 때로는 한심해 보이기까지 했습니다. 그래도 그의 꿈만큼은 진심이었습니다. 이런 포의 간절한 꿈을 알아본 자가 있었으니 대사부 우그웨이였어요. 그리하여 거짓말처럼 쿵후를 배울 수 있는 행운이 포에게 찾아왔습니다. 하지만 포는 그 기회를 엉망으로 만들고 말았어요. 그의 사부인 시푸는 포의 겉모습만을 보고 더 이상 소망을 둘 수 없었고, 동료 5인방도 그를 비웃었습니다. 결국 크게 절망한 포는 꿈을 포기하고자 마음먹게 됩니다. 이때 대사부인 우그웨이가 나타나요.

우그웨이	왜 이렇게 잔뜩 화가 난 거지?
포	이보다 더 엉망진창은 없을 거예요. 수련이 엉망이 되었어요.
우그웨이	그거야 첫날이니까 그럴 수도 있지!
포	5인방마저도 절 수련생으로 인정하지 않아요. 전 완전히 왕따 같아요.
우그웨이	뭐가 문제지? 그래도 지금 온전하잖아?
포	시푸 사부님이 무슨 수로 저를 용의 전사로 만들 수 있을까요? 사마귀는 앞다리라도 있어서 그걸로 잘 싸우잖아요. 전 발톱도 없고, 날개, 맹독도 없거든요. 다 때려치우고 다시 면발이나 뽑아야겠어요.
우그웨이	때려치워? 안돼. 면발이나 뽑겠다고? 그것도 안 돼. 넌 과거, 미래의 운명에만 너무 집착하는구나. 과거 속으로 사라진 어제는 history. 신비로운 내일은 미래니까 mystery. 하지만 현재의 오늘은 선물이다. 그래서 오늘을 present라고 하지.

— 〈쿵푸팬더1〉에서 우그웨이와 포의 대화

대사부의 "그래도 지금 온전하잖아?!"라는 한 마디는 "그래도 다시 시작할 수 있잖아! 다시 도전할 수 있잖아! 기회가 없어진 것은 아니니까 얼마나 다행인가! 그러니 긍정적으로 생각하라"라는 뜻이었습니다.

다행히 포는 깨달음을 얻었는지 다시 마음을 다잡을 수 있었어요. 그리고 마침내 용의 전사만이 볼 수 있다는 용의 문서를 손에 넣게 됩니다. 하지만 그곳에는 아무것도 없었고 그냥 비어있었습니다. 크게 실망한 포의 표정이 역력했습니다. 너무 충격이 커서 그것이 무엇을 의미하는지 생각할 겨를도 없었지요.

이런 아들 포에게 아버지 핑은 국수의 국물 비법에 대한 진실을 공개하게 됩니다. 한 마디로 '비법은 없다'입니다. 아버지 핑은 **"특별하게 만들려면 특별하다고 생각하면 되는 거야. 비밀 재료 같은 건 없어!"**라고 말해주었습니다.

그동안 아들인 자신에게까지 그 비법을 감추고 있다는 생각에 불만이 많았던 포였습니다. 하지만 아버지의 솔직한 진실 고백 때문에 포는 한 가지 깨달음을 얻게 됩니다.

'특별하다고 생각하면 특별해진다!'

그러자 포 안에 잠들어 있는 용의 전사로서의 영웅이 점차 깨어나게 됩니다. 그리고 마침내 그의 꿈은 현실이 됩니다.

작가는 왜 포라는 인물을 뚱뚱하고 우둔하며 촐싹대는 기본이 안된 모습으로 설정했을까요? 물론 꾸며낸 이야기입니다만 그를 통해 현실 속 우리의 적나라한 모습을 그려낸 것이 아닌가 싶어요. 하지만 포는 남다른 긍정심이 있었던 것이 분명합니다. 화가 나면 마구 먹어대기는 하지만, 동료들을 진심으로 칭찬할 줄 알았어요. 실력은 부족하고 좀 미련하기까지 하지만 인내심을 가지고 꾸준히 노력하는 모습도 훌륭합니다. 우그웨이가 포를 '용의 전사'로 지목한 것도 포의 이런 긍정적인 모습 때문이었을 것으로 생각해요.

과거에 발목이 잡혀있는 것은 당연히 긍정이 아니지만, 무작정 미래를 핑크빛으로 바라보는 것도 긍정은 아닙니다. 현재를 선물처럼 생각할 수 있는 사람이 좀 더 긍정에 가깝다고 생각해요. 과거의 상처에 집착하지 않고, 특별한 행운을 기대하는 마음을 내려놓을 때 선물 같은 현재가 보이는 것 같습니다.

우리는 누구나 특별한 것을 좋아하는 것 같아요. 그래서 특별한 비법, 비결을 찾습니다. **하지만 특별함은 내가 특별하다고 생각하면 특별해지는 법입니다. 이것은 일종의 자존감이에요. 자신을 향한 긍정적인 마음이 곧 자존감입니다.** 내가 바꿀 수 없는 것에 얽매이지 않고, 현재와 스스로를 특별하다고 생각해 보세요. 그럼 특별하게 될 거예요. 이렇게 현재와 나 자신을 긍정할 때 우리의 삶은 선물과 같이 특별해질 것입니다.

3장

긍정이 이끄는
성공적인 삶

목표가 이끄는 삶

책 읽느라 수고가 많아요. 기분도 전환할 겸 주위를 한 번 쭈욱 둘러보세요. 무엇이 보이던가요? 이것저것 많이 봤는데 자세하게 생각나는 것은 많지 않다고요? 그럼 이번엔 '빨간색'을 생각하면서 주위를 둘러보세요. 아까 보지 못했던 온갖 빨간색들이 보이지 않나요? 색깔을 바꿔서 해봐도 같은 현상을 경험하게 됩니다. 참 신기하죠?

이것은 RAS 때문이에요. RAS는 분명한 목표 의식을 갖도록 도와주는 뇌 속의 시스템입니다. 뇌 밑 부분에 새끼손가락만 한 크기로 자리 잡고 있다고 해요. RAS는 영문의 약자인데 풀이하면 이렇습니다. Reticular Activating System을 줄인 말로서 '망상활성화 시스템'이라고도 하고, '자동목표추적장치'라고도 해요. 이 시스템은 우리에게 꼭 필요한 정보만 걸러 주는 기능을 한다고 합니다. 일종의 여과장치이고, 뇌 속의 안테나라고 할 수 있어요.

우리가 뭔가에 집중과 몰입을 하고자 할 때 이 시스템의 도움은 절실합니다. 여기저기 흩어져서 산만해진 마음을 집중시키고자 한다면 이 RAS를 잘 활용해야 해요. 그럼 목표의식이 활성화 되어 자신이 원하는 것을 성취할 가능성이 커집니다.

사실 우리는 매일 무의식적으로 RAS를 이용하고 있어요. 그래서 시끄러운 소리 속에서도 나에게 필요한 소리를 들을 수가 있습니다. 여러분들이 매일 경험하는 학교 수업에도 차시마다 목표가 있습니다. 수업 목표를 먼저 제시하도록 교육과정이 설계되어 있어요. 배워야 할 내용에 효과적으로 집중할 수 있도록 하는 것입니다.

이렇게 분명한 목표만 갖고 있다면 우리의 뇌는 목표 달성에 필요한 정보를 자동으로 걸러낸다고 해요. 이후 우리의 뇌가 그것을 잠재의식에 입력시키는 것입니다. 그래서 일상의 작은 목표도 선명할수록 달성될 확률이 높아지는 거예요. 《목적이 이끄는 삶》이라는 책의 제목만 봐도 우리가 갖는 목표가 얼마나 중요한지 알 수 있습니다.

인생의 목표를 확고하게 세우고 집중하면 구체적으로 어떤 일들이 벌어질까요? 주위의 모든 유혹과 비난이 들리지 않게 됩니다. 그래서 결국 원하는 것을 이룰 수 있게 돼요. 목표가 분명할 때 이런 '괴력'이 생긴다니 참 놀랍지 않나요? 이게 바로 목표가 가진 힘입니다. 세상은 목적지를 분명히 알고 가는 사람에게는 길을 비켜주는 것 같아요.

그래서인지 사람들은 알게 모르게 이런 원리를 실생활에 활용하고 있습니다. 새해가 되면 누구나 다짐이라는 것을 합니다. 물론 작심삼일이 될 때가 많기는 해요. 그리고 캠페인을 할 때 등장하는 것이 표어와 포스터입니다. 아예 플래카드로 제작해서 곳곳에 걸어 놓기도 하지요. 그럼 그것을 볼 때마다 목표가 각인 됩니다. 결국 우리의 뇌가 그 목표에 집중하도록 하게 해서 목표 달성의 가능성을 높여주는 거예요.

요즘, 목표가 아니라 감정이 이끄는 대로 사는 학생들이 많은 것같아요. 우리의 감정은 상황에 따라 수시로 변하는 게 특징입니다. 한 마디로 변덕이 심해요. 부정적인 감정에 휩싸여서 아무것도 못하는 경우가 많습니다. 이렇게 변덕스럽고 부정적인 삶의 고리를 끊어줘야 합니다. 이런 부정적인 감정에 질서를 부여해야 하는 것이지요. 그것이 바로 '목표'입니다.

존 고든은 어렸을 때 할머니의 푸념을 들었어요. "내가 좀 더 젊었더라면 할 수 있었을 텐데…." 그는 할머니처럼 후회하고 싶지 않았습니다. 그래서 불과 열다섯 살에 120여 가지 목표를 갖게 되었어요. 그리고 그것을 성취하는 탐험가의 삶을 살았습니다.

하지만 목표가 잘 생기지 않는다고요? 그럼 **자신이 원하는 것들을 글로 써보는 것을 추천합니다. 쓰다 보면 그것이 꿈이 되기도 하고, 하고 싶은 버킷리스트가 되기도 해요.** '적자생존(적는 자가 생존한다)'이라고 하지요? 목표를 계속 써보세요. 쓰다 보면 언젠가는 마음에 쏙 드는 나만의 목표가 생길 거예요. 그 목표가 이끄는 멋진 삶을 살기 바랍니다!

후회 없는 삶을 위한 위대한 팁

한 설문조사에서 95세 노인들을 대상으로 다음과 같은 질문을 했습니다.

"만약에 다시 태어나 새롭게 인생을 살게 된다면 어떻게 살 것인가?"

그 결과는 다음과 같습니다.

∻ 첫째, 긍정적 감정 느끼기

"감정을 더 많이 표현하고 싶다. 순간순간을 더 즐기면서 기뻐하고 싶다. 예를 들어, 해가 뜨는 것과 지는 것 등의 일상적인 것을 더 깊이 음미하고 싶다."

맛있는 음식을 먹되 그 맛을 음미하지 못한다면 참으로 안타까운 일입니다. 공부도 마찬가지예요. 공부의 맛을 모른 채 무턱대고 쫓기듯 해야 한다면 무슨 의미가 있겠나요? 머릿속에 집어넣기 급급

한 공부를 통해 무엇을 깨달을 수 있을까요?

일단 대학생이 된다고 해서 음미하는 삶이 가능한 것은 아닌듯해요. 치열한 취직 준비가 시작되거든요. 취직이 되면 가능할까요? 승진을 위해, 자기 계발을 위해 또 치열하게 달려야 합니다. 중년이 되면 자기 분야에서 낙오되지 않아야 하므로 또 뛰어야 하지요. 이렇게 살다 보면 어느덧 죽음의 문턱에 이르는 것이 인생입니다.

유일하게 공부만 할 수 있는 특권이 주어진 것이 청소년기입니다. 나름대로 바쁜 것은 사실이지만 진짜 공부를 하면서 많은 것을 깊이 음미할 수 있는 시기라고 생각해요. 마음껏 느끼고 감탄하세요. 캬! 와우! 대박!

÷ 둘째, 긍정적인 자세로 도전하기

"기회를 향해 과감한 도전을 하고 싶다. 도전해 보지도 않고 흘러보내기엔 인생이 너무 짧다."

세상에는 의외로 나이 제한이 많습니다. 취직하려 해도 나이가 많으면 거절당할 가능성이 높지요. 도전하고 싶어도 건강이 허락하지 않는 경우가 많습니다. 그러므로 청소년기에 좀 더 과감할 필요가 있어요.

〈넌 할 수 있어라고 말해주세요〉라는 노래를 들어본 적이 있을 거예요. 이 노래의 작사가이신 곽진영 선생님을 찾아왔던 여중생이 있었습니다. 그녀는 다짜고짜 가수가 되고 싶다고 했어요. 불과 열다섯 살 중학생이었던 그녀는 무척 도전적이었습니다. 그녀는 결국 원하던 가수가 되었을 뿐만 아니라 세계적인 톱스타가 되었습니다. 지금도 그녀는 자신의 꿈을 유감 없이 펼치고 있어요. 그녀의 이름은 바로 아이유입니다.

기회는 준비하는 자에게 주어지는 것이라고 했어요. 준비하고 있으면 어느덧 기회가 옵니다. 기회다 싶으면 유감 없이 도전해 보세요. 아이유처럼요.

∻ 셋째, 삶을 긍정하는 결과 공유하기

"죽은 후에도 사람들이 나를 기억할 수 있는 무언가를 남기고 싶다. 후세에 도움이 될 만한 유산을 남기고 싶다."

호랑이는 죽어서 가죽을 남기고 사람은 죽어서 이름을 남긴다고 했나요? 누구나 의미 있는 인생을 살고 싶어 합니다. 그러려면 하루를 의미 있게 사는 법부터 배워야 한다고 생각해요. 하루에 있었던 일들을 다 기록해 보세요. 고영성, 신영준이 지은 《완벽한 공부법》에는 데일리 리포트가 있습니다. 매일 나에게 있었던 일들을 쭉 열거하다 보면 의미 있는 일들과 그렇지 않은 것들이 눈에 보이기 마련입니다. 이렇게 메모하다 보면 좀 더 의미 있는 일들을 하게 된다고 해요. 《페이퍼 파워》의 저자 김용섭 작가도 기록으로 남기는 것이 최고의 유산이라고 강조하고 있습니다.

나이가 든 노인들의 솔직한 인생 경험담을 충분히 참고해야 한다고 생각합니다. 이들은 나름 인생의 베테랑들이기 때문이에요. 건강하게 오래 사셨으니 잘사신 분들이라고 할 수 있지요. 이들의 답변은 사실 '현자'들이 후세에게 주는 지혜로운 삶이라고도 할 수 있습니다. 후회 없는 삶을 위한 위대한 팁이라고 할 수 있겠네요.

두 개의 나

우리 마음에는 두 개의 '나'가 존재합니다. 그것은 '판단하는 나(부정적인 나)'와 '지켜보는 나(긍정적인 나)'입니다.

판단하는 나(부정적인 자아)는 주로 지난 일을 비판합니다.

"내가 왜 그런 거지? 미치겠네!"하면서 자신을 단정하고 판단합니다. 그리고 스스로 명령하면서 고치려고 하지요.

"미쳐, 무슨 일이 있어도 제대로 해야 해!"

그래서 제대로 잘하려고 열심히 노력하기도 합니다. 그러나 결과를 늘 비판해요. 이런 악순환이 반복됩니다. 결국 이렇게 결론을 지어요.

"난 안돼, 역시 안돼, 정말 안돼, 안된다니까, 죽어도 안 돼!!"

그러나 지켜보는 나(긍정적인 자아)는 다릅니다. 섣불리 판단하지 않아요. 다만 지금 이 순간의 행동을 관찰합니다.

"왠지, 잘 안되네."

그리고 자신을 격려합니다.

"괜찮아, 잘될 거야!"

또한 자신이 원하는 모습을 끊임없이 마음속에 생생하게 그립니다. 그리고 자신을 또 한 번 격려합니다.

"난 할 수 있어."

그리고 자신이 점점 발전하고 있다고, 나아지고 있다고 믿습니다. 중요한 것은 자신을 판단하거나 비난하지 않고, 결과를 조용히 관찰한다는 거예요. 일시적으로 잘 안될지라도 과정에서 뭔가를 배우고자 한다는 겁니다. 그리고 그것을 큰 기쁨으로 생각한다는 겁니다.

우리는 공부를 '당연히 힘든 것'이라고 생각하는 것 같아요. 힘들지 않으면 얻을 수 있는 게 없다고 하면서 자신을 다그칩니다. 그리고 못 하면 다시 절망하거나 자책합니다.

이것은 전형적으로 판단하는 나에 속합니다. 그럼 이런 사람에게는 더 이상 개선의 여지가 없는 걸까요? 그렇지 않아요. '지켜보는 나'는 누구에게나 존재합니다. 다만 '판단하는 나'가 너무 돋보이고 있을 뿐입니다.

지켜보는 나를 찾으려면 무엇보다 자신을 신뢰해야 합니다. 자신을 응원하지 않는다면 누가 나를 응원하겠어요? 그러므로 내 속에 있는 마음(감정)이 무엇이든 일단 그걸 인정하세요. 그리고 가만히 바라보세요. 그리고 그 마음(감정)이 어떠하든 "행복하다! 감사하다!"라고 말해보세요. 말만이라도 좋으니 그렇게 말해보세요. 진정성 있게 말하면 더 좋겠죠? 어느새 여러분의 마음이 따뜻해지는 것을 느낄 수 있을 거예요.

맹목적 긍정을 강조하고 싶지는 않습니다. 다만 우리의 감정을 잘 활용하고자 할 뿐입니다. 이것이 지혜로운 삶이요, 과학적인 인생이라고 생각합니다.

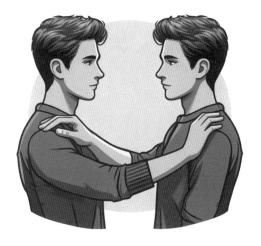

3C가 필요하다

제가 항상 느끼는 것이지만 모두가 너무 바쁘게만 사는 것 같아요. 저는 삶의 여유를 생각하는 것 자체가 긍정의 시작이라고 생각합니다. "학생이 공부해야지 무슨…"이라고 하면서 딴생각하지 말라는 어른들의 이야기는 슬쩍 못 들은 척해도 됩니다. 왜냐하면 오늘날 우리가 겪고 있는 모든 문제는 '쉼'(안식)이 없어서 비롯되는 것들이 많기 때문이에요. 몸이 아파서 병원에 가면 '스트레스성'이라는 말을 많이 듣습니다. 맛있는 것 먹고 푹 쉬라는 말도 듣습니다. 그러므로 이제는 바쁘기만 한 삶의 일상을 바꿔야 합니다. 다람쥐 쳇바퀴 돌듯 계속 돌아가는 답답한 일상을 그냥 놔두면 안 돼요. 짧더라도 제대로 된 '쉼'을 맛보며 재충전refresh할 수 있어야 합니다. 평소 여유가 있어야 필요할 때 전력 질주도 할 수 있는 법입니다.

이젠 방법적인 것을 생각해 볼까요? 혹시 휴식을 가장한 휴대폰을 하고 있는 것은 아니겠지요? 이것이 가장 문제라고 생각해요. 우리가 가진 에너지는 한정적인데 그 시간에 영상을 보고 게임을 하는 것은 여전히 에너지를 소모하는 것이거든요. 즉 쉼이 아니라는 거예요.

그래서 제가 정말로 추천하는 것은 '산책'입니다. 산책은 어른들이나 하는 것처럼 들린다고요? 절대 그렇지 않습니다. '산책=어슬렁어슬렁 다니기, 빈둥빈둥 돌아다니기'라고도 할 수 있어요.

"인생은 B와 D사이의 C이다."

20세기 대표적인 실존철학자 장 폴 사르트르가 한 말이에요. B는 탄생Birth, D는 죽음Death. 그리고 C는? 저는 선택Choice과 조절Control, 그리고 집중Concentration이라고 생각합니다. 즉 우리는 사는 동안 3C(선택, 조절, 집중)을 잘해야 행복하게 삶을 영위할 수 있습니다.

그러나 자발적 선택도 있지만 비자발적 선택이 얼마나 많나요? 의지와 상관 없이 주어지는 공부, 과제들은 짐으로 느껴지기 마련입니다. 그래서 스트레스가 늘고, 폭력성도 증가하는 것 같아요. 그렇다고 해서 하고 싶은 것만을 하며 살 수는 없는 노릇입니다. 결국 이 문제를 극복하고, 자신이 원하는 삶을 살려면 반드시 '조절Control'이 필요한 거예요. 버릴 건 과감하게 버려서 선택과 집중이 있는 생활을 해야 합니다.

그럼 이런 조절 능력은 어떻게 만들어지는 것일까요? 저는 '환경'

이라고 생각해요. 즐겁게 몰입할 수 있는 환경, 거칠고 위험천만한 세상으로부터 자신을 지키고 보호할 수 있는 환경, 편안한 마음으로 꿈을 꾸며 준비할 수 있는 환경 속에서 만들어진다고 생각합니다. 그럼 여러분이 스스로 제공할 수 있는 환경은 무엇이 있을까요?

제가 경험해 본 바로는 산책(아무것도 안 하고 빈둥거리면서 잠시 쉬는 것, 어슬렁거리면서 한적한 곳을 여기저기 다니는 것)이 주는 유익이 참 많았어요. 인간을 '호모스크리벤스'라고 주장했던 김지영 기자는 기자로서 글을 써야 한다는 강박관념에 사로잡힐 때가 많았다고 합니다. 하지만 마음을 비운 채 잠시 산책을 하는 동안 놀라운 일들이 벌어졌다고 해요. 일단 기분전환이 되었겠죠? 몸을 움직이는 동안 긴장된 근육이 풀렸을 것입니다. 무엇보다 산책하는 동안 새로운 아이디어가 떠오르고 복잡한 생각들이 정리가 되었다고 해요.

이런 신비한 뇌의 작용을 설명할 때 꼭 필요한 것이 세로토닌이라는 호르몬입니다. 이 호르몬은 조용하고 평화로운 분위기에서 책을 읽을 때, 산책할 때, 아름다운 음악을 들으며 차 한 잔의 여유를 누릴 때 마구 흘러나온다고 합니다. 우리에게 행복 호르몬으로 많이 알려져 있어요.

손쉽게 이 행복 호르몬을 내 것으로 만들 수 있는 것이 바로 산책입니다. 가끔 가벼운 마음으로 동네 산책을 해보세요. 마음이 무거울 때 마을 이곳저곳을 쏘다녀 보세요. 어떤 말로도 대체할 수 없는 '쉼'이 느껴질 거예요. 이 쉼은 나가면 있고 안 나가면 없습니다. 요즘은 애완견도 반드시 산책을 챙겨주어야만 합니다.

하지만 자신을 위해 산책을 챙기는 학생들은 많지 않아요. 아무도 챙겨주지 않습니다. 그러므로 자신을 잘 챙겨야 해요. 산책하다 보면 계절의 흐름이 비로소 보입니다. 보이지 않았던 마을의 구석구석이 보입니다. 아직은 꽃봉오리만 맺혀있는 물오른 생명의 신비도 느낄 수 있어요. 그러다 보면 요즘 강조하는 감성도 생깁니다. 짧디짧은 단 몇 분의 쉼일지라도 효과 만점! 중독성 있는! 진짜 쉼이 됩니다. 이를 계기로 더 집중해서 공부할 수 있을 거예요.

산책을 통해 확실하게 마음 챙김을 할 수 있어요. 더 이상 가짜 휴식에 속지 말고 3C 하면서 진짜 휴식을 누리기를 바랍니다.

내 안의 기적을 깨워라

앞서 '지켜보는 나'를 찾아야 한다고 했습니다. 이것을 위해 자신을 신뢰해야 한다고도 했어요. 이번에는 조금 더 구체적인 표현을 사용하려 합니다. 당신 안의 '기적'을 깨워라!

실제 책 제목이 《당신 안의 기적을 깨워라》입니다. 강철왕 카네기는 다 알죠? 세계적인 재벌이었던 카네기의 지원으로 연구되어 나온 결과물이 바로 이 책입니다. 제목부터가 무척 흥미롭습니다. '내 안에 기적이 있다고? 그 기적이 잠들어 있다는 거야? 그럼 빨리 깨워야지! 그런데 내 안에 있다는 기적은 뭐지?'

과연 내 안에 어떤 기적들이 있는지, 그것을 어떻게 깨울 수 있는지 알아보도록 해요.

·‡· 첫째, 변화를 시도하라.

삶의 기적은 '변화'로부터 시작됩니다. 그러므로 변화를 꿈꿔야 합니다. 많이 변하지 않아도 괜찮습니다. 마음의 부담을 내려놓고 조금씩 변화를 시도해 보는 거예요. 그럼 뭔가 꿈틀거리는 소리가 들릴 겁니다. 기적은 이렇게 시작되는 거예요.

∴ 둘째, '보이지 않는 인도자'를 기꺼이 받아들여라.

경제학에서는 '보이지 않는 손'을 이야기합니다. 애덤 스미스라는 학자의 주장이지요. 우리 삶에도 이런 보이지 않는 손이 있다고 믿습니다. 어떤 사람은 이 존재를 행운의 여신이라고도 부릅니다.

파울로 코엘료도 《연금술사》에서 보이지 않는 인도자가 우리 삶속에 여러 표지인 싸인sign을 놓아두었다고 말하고 있어요. 보이지 않는 인도자 자체에 대해 일단 마음을 열고 받아들일 필요가 있습니다. 보이지 않는 손으로 인해 예기치 못한 기적이 일어나기도 하거든요.

∴ 셋째, '고통'을 받아들여라!

누구나 고통을 싫어합니다. 고통은 부정적인 것의 대명사처럼 되어 버렸어요. 하지만 알고 보면 고통은 축복을 위한 자연의 선물입니다. "No cross, no crown"이라는 말이 있습니다. 십자가 없이는 영광도 없다는 뜻이지요. 폴 브랜드 박사가 지은 《고통이라는 선물》에서도 고통이 부정적인 것만은 아니라고 합니다. 고통은 우리가 살아있다는 증거입니다. 또한 고통은 더 큰 고통을 막아주는 제동장치와도 같아요.

÷ 넷째, 역경을 발판 삼아 성공으로 나아가라

역경은 어디까지나 역경인 건데 어떻게 성공이 될 수 있는 걸까요?

순풍에 돛 단 듯 잘 나갈 때는 좋은 것을 좋은 것으로 느끼지 못하는 것 같아요. 평소 공기, 햇빛을 당연하게 생각하는 것처럼 말입니다. 미세먼지가 가득해봐야 비로소 신선한 공기에 대한 고마움을 느끼게 되지요. 이처럼 역경은 성공으로 나아가는 관문과도 같습니다. 역경이 있어야 정신을 차리게 되는 것 같아요. 정신이 깨어나야 비로소 성공의 문으로 나아가는 길도 발견할 수 있게 됩니다. 재미있는 것은 역경이라는 글자를 뒤집어 보면 경력이 된다는 거예요. 경력이 쌓이면 결국 성공이 되는 것입니다.

÷ 다섯째, 뚜렷한 '진로 목표'를 세워라.

뚜렷한 목표는 우리의 목표 의식RAS(망상 활성화 시스템)을 흔들어 깨웁니다. 이후 그 목표가 우리를 이끌어줍니다. 어디까지? 기적까지! 그래서 뚜렷한 목표는 기적의 보증수표라고 할 수 있어요. 그러므로 진로에 대한 분명하고도, 선명하며, 뚜렷하고, 구체적인 목표를 세워야 하겠습니다. 이런 목표가 있을 때 비로소 실제적인 커리어 플랜을 만들 수 있습니다.

÷ 여섯째, 보상을 확신하라.

자연은 '보상'을 창조해 두었다고 합니다. 뿌린 만큼 거둔다는 말이 있지요? 뿌리면 있고, 안 뿌리면 없습니다. 이게 바로 자연에 감취진 보상 시스템이에요. 최선을 다하고자 하다가도 '최선을 다하면 뭐해?'라는 부정적인 생각 때문에 아무것도 못 할 때가 있습니다. 하지만 자연에 있는 보상을 믿고 확신한다면 무엇이든 기쁨으로 감당할 수 있게 됩니다. 나아가 이미 보상을 받은 것처럼 말하고 행동할 수도 있습니다.

∴ 일곱째, 시간은 모든 불행을 '치유'해 주는 자연의 묘약임을 믿어라.

당장 죽을 것만 같이 힘들 때가 있어요. 그래서 실제로 죽고자 하는 사람도 있지요. 하지만 시간은 모든 불행을 치유해 주는 자연의 묘약입니다. '므두셀라 증후군'이라는 것이 있어요. 시간이 지나면 모든 것이 좋게 느껴지는 심리 현상입니다. 그래서 사람들은 "이 또한 지나가리라"를 외치며 묵묵히 현재의 불행을 감당하기도 하지요.

∴ 여덟째, '자유'를 만끽하라.

자유는 기적을 창조합니다. 그래서 많은 기업이 업무환경을 최대한 자유롭게 만들고 있어요. 틈이 없고 답답한 환경에서는 긍정적일 수 없습니다. 하지만 자유로움은 긍정성을 싹 틔우고 결국 기적을 창조하게 되는 거예요. 그래서 자유학기제가 있는 걸까요? 자유는 여유로움을 낳고 여유로움은 자발적인 열심을 낳는 것 같아요. 그리고 결국 그 속에서 기적이 창조되는 것입니다.

이쯤 되니까 우리 안에 잠든 거인의 세포가 깨어나는 느낌이 들지 않나요? 내 안의 긍정의 세포들도 깨어나기 시작한 것 같지요? 이젠 무엇이든 다 할 수 있을 것 같습니다. 하지만 너무 의욕만 앞서서는 안 되겠어요. 그전에 자신을 신뢰하는 마음으로 자신의 머리를 쓰다듬어 보세요. 램프를 쓰다듬을 때 깨어나는 지니처럼 뭔가 툭 튀어나올 것 같은 기대감이 든다면 이제 준비가 된 것입니다. 이제 곧 여러분 안에 잠재된 기적들이 깨어나서 여러분이 꿈을 이룰 수 있도록 힘껏 도와줄 것입니다.

현재를 긍정하라

카르페디엠carpediem이라는 말은 라틴어로서 '현재를 즐겨라!', '현재를 살아라', '현재에 충실하라'라는 의미입니다. 오해하지는 마세요. 현재의 순간적인 쾌락을 즐기라는 것은 절대 아닙니다. 현재 주어진 일에 최선을 다하면서 작고 사소한 것에 감사하면서 충분히 현재의 삶을 누리라는 의미입니다. 《여덟 단어》의 저자 박웅현은 책의 곳곳에서 카르페디엠을 실천하고 있다고 말해요. 때로는 그 정신을 '개'에게서 배우고는 자신이 개처럼 산다고 했습니다. 그의 말에 물음표가 저의 머릿속을 가득채웠답니다. 개?

저자는 개를 통해서 많은 깨달음을 얻은 것 같아요. 한 번은 퇴근하여 집에 돌아왔는데 자신이 키우는 개가 반갑다고 계속 얼굴을 핥더라는 겁니다. 마치 자기가 할 수 있는 것이 핥는 것 외에는 아무것도 없는 것처럼. 그러다가 밥을 주면 눈이 반짝하면서 "이렇게 맛있는 밥을!"이라고 외치듯이 꼬리치며 밥에만 집중하더랍니다. 그리고 밤이 되면 날이 새기까지 늘어지도록 자요. 개는 밥을 먹으면서 다음날을 걱정하지 않아요. 주인이 밥을 안 주면 어떡하나? 의심하거나 걱정하는 법이 없어요. 현재에 주어진 음식에 집중하고, 세상이 어떠하든 일단 깊은 잠에 취해서 잔 후 또 주인에게 충성합니다. 이런 면에서 개는 카르페디엠을 실천하는 모범입니다.

카르페디엠이라는 단어가 우리에게 알려진 것은 영화 〈죽은 시인의 사회〉 때문입니다. 영화에서 키팅 선생님은 공부에 시달리는 아이들에게 이 말을 했습니다. "카르페디엠!" 이 단어 속에 들어있는 '현재present'라는 말에는 선물이라는 또 다른 의미도 있습니다. 역시 행복하고 만족스러운 삶은 현재를 가치 있게 느끼고 최선을 다할 때 맛볼 수 있는 것 같아요. 그러므로 오늘을 사랑하고 이 순간 내가 할 수 있는 최선이 무엇인가 생각하며 살아야 해요.

그러나 많은 사람이 잘나갔던 과거에 삽니다. 또는 못났던 과거의 상처 속에서 삽니다. 그리고 불안한 미래를 걱정스레 바라봅니다. "그때 그랬어야 했는데"하는 후회의 말, 원망의 말도 많이 합니다. 생각해 보면 참 어리석은 것인데 왜 그것을 반복하는지 모르겠어요.

저는 카르페디엠은 '준비'와 '감사'라는 것을 깨달았어요. **내일을 위해 오늘 이 순간 준비하면서 내일을 기대하는 마음으로 달콤한 행복을 맛보는 것이죠.** 마치 카메라 렌즈의 줌 기능으로 준비의 결과를 기대하고 확신하면서 미래의 열매를 현재로 가져와 생생하게 맛보는 것입니다.

현재라는 상황은 늘 새로운 것 같아요. 일상이 힘들다 느껴질 때쯤 주말이 다가오고 나태해질 만하면 일상을 다시 시작해야 합니다. 방학해서 지겨울 때쯤 개학을 하고 너무 힘들다고 생각할 때쯤 방학을 합니다. 참 다행이에요. 현재의 시간은 비록 변덕스럽기는 하지만 늘 새로운 모습으로 우리 곁에 다가오니까요. 매일 새로운 내일을 기대하고 준비하면서 순간순간을 카르페디엠 할 생각을 하니 가슴이 설렙니다.

빨리 좋은 대학에 가고 싶고, 빨리 꿈도 이루고 싶지요? 하지만 어쩌면 답은⋯ 미래가 아니라 현재에 있는 것 같아요. 미래는 현재를 어떻게 사느냐에 달려있으니까요. 그러니 복잡하게 생각 말고 오늘 하루를 충실하게 카르페디엠 하면 좋겠습니다.

생각의 힘

물고기는 평생 물속에서 살아야 합니다. 물속이 답답하다고 해서 물고기가 밖으로 나온다면 죽을 수밖에 없어요. 아무리 독수리라고 해도 무더위를 피해 생각 없이 물에 풍덩 들어간다면 물고기 밥이 될 수도 있습니다.

하지만 인간은 달라요. 생각의 힘이 있으므로 물속, 땅속, 하늘, 심지어 우주에서 조차도 생활할 수 있지요. 이 모든 것이 생각의 힘을 소유했기 때문에 가능했던 것입니다. 대단해요!

생각이 크면 클수록 더 큰 인생을 살 수 있습니다. 더 충만하고 풍요로운 인생을 살 수 있어요. 만약 이런 생각의 힘이 동물에게 주어진다면 어떻게 될까요? 인간은 동물의 노예로 전락할 수도 있습니다.

1981년 테네시 대학의 건강과학센터에서는 다음과 같은 실험을 했습니다. 환자들에게 '나는 나을 것이다. 나는 좋아지고 있다'라는 긍정적인 생각을 하게 한 후에, 그 전과 후의 척수액에서 발생하는 엔도르핀을 측정하는 것이었어요. 결과는 놀라웠습니다. 왜냐하면 그 어떤 화학물질을 사용하지 않고도 오직 생각만으로 인체 내 엔도르핀 수준이 높아질 수 있다는 것을 실험으로 밝혔기 때문입니다.

다시 말해서 우리가 하는 생각은 몸의 화학 작용까지도 변화시킬 수 있다는 것이에요. 하지만 더 놀라운 것은 몸의 화학적 작용뿐만 아니라 우리 인생 전부를 바꿀 수 있는 위력이 생각에 있다는 것입니다. 우리의 삶은 결국 우리의 생각이 만들어 내는 것이라고 할 수 있지요.

그래서 아인슈타인은 다음과 같은 말을 했어요.

"생각할 수 있는 것은 모두 실현 가능하다."

파블로 피카소도 비슷한 생각을 했습니다.

"우리가 상상할 수 있는 모든 것이 곧 현실이다."

얼마나 놀라운 말인가요? 아인슈타인과 피카소는 이런 위대한 생각, 긍정적인 생각으로 많은 업적을 이룰 수 있었습니다. 누구보다 평범할 수도 있었던 자신을 위대하게 만들었어요. 스티브 잡스 또한 그랬습니다. 모두가 평범한 생각의 틀 안에 갇혀있을 때 그는 모두 실현 불가능하다고 생각하는 일에 뛰어들었습니다. 그리고 보란 듯이 놀라운 일들을 해냈지요. 우리는 그것을 당연하게 누리고 있습니다. 하지만 이것은 생각의 힘을 믿었던 스티브 잡스의 긍정적인 생각 덕분에 누리게 된 선물임을 알아야 하지요.

우리가 위대한 인생을 살 수 없도록 방해하는 장애물들이 있습니다. 그것은 '이 정도면 됐어'라고 생각하는 것입니다. 만족하는 것이 잘못된 것은 분명 아니에요. 하지만 안주하는 것은 문제입니다. 현재에 안주해서 나태하고 안일하게 살고자 하는 것이 우리 본성이지요. 그러나 이것을 뛰어넘어 개척하고 정복하고 다스리면서 더 개선하고자 노력하는 삶이 필요합니다. 그래서 짐 콜린스는 "좋은 것은 위대한 것의 적이다"라고 말했던 것 같아요. 좋은 것이 좋은 것은 아니랍니다. 더 좋은 것이 있음을 인정하고 그것을 위해 도전하고자 해야겠어요. 저 높은 곳을 향해 나아가고자 하는 진취적인 생각이 우리의 삶을 더 좋은 것으로 만들어 줄 것입니다.

전화위복은 *꿈꾸는 자의 것*

'전화위복'은 재앙이 바뀌어 오히려 복이 된다는 뜻입니다. 좋지 않은 일이 계기가 되어 오히려 좋은 일이 생긴다는 거예요. 하지만 이것이 누구에게나 해당되는 것인지에 대해서는 물음표가 생깁니다. 글쎄요…?

알파벳도 모르던 축구선수가 있었습니다. 운동선수들은 워낙 공부에 관심이 없는 편이기 때문에 그럴 수도 있을 거예요. 그래도 스무 살이 넘도록 영문 알파벳을 몰랐다는 것은 너무 심한 것 아닌가요? 축구에만 몰입한 나머지 다른 것에는 눈길조차 주지 않았던 광적인 축구선수였음이 분명합니다.

하지만 그는 어느 날 전혀 예기치 못한 부상을 당하게 되었습니다. 처음엔 그러려니 했습니다. 부상은 흔히 있는 일이니까요. 하지만 이번 부상은 심상치가 않았어요. 결국 그는 축구를 그만둘 수밖에 없었습니다. 10년 동안 축구만 했고 축구밖에 몰랐습니다. 그런데 더 이상 축구를 할 수 없게 된 것입니다. 축구선수로서의 꿈을 접어야 한다는 것이 미치도록 슬펐습니다. 그는 길을 잃은 어린아이처럼 두렵고 불안해서 어찌할 바를 모르게 되었습니다.

그러다가 그는 우연히 책 한 권을 읽게 되었습니다. 대단한 책은 아니었어요. 하지만 그 책이 그의 운명을 바꿔놓았습니다. '법조인'이라는 새로운 꿈을 갖게 해준 거예요. 꿈을 갖게 되자 그는 다시 활력을 회복할 수 있었습니다. 신기한 일이었습니다. 그는 독학으로 고시에 합격하겠노라 다짐도 했습니다. 하지만 그의 나이는 이미 스무 살을 훌쩍 넘은 상태였습니다. 무엇보다 알파벳도 모르는 처지였지요. 그러나 그는 이것저것 복잡하게 따지지 않았습니다. 마음에 분명한 꿈이 생기자 독한 마음이 생겼기 때문이에요. 축구선수로서 다져진 체력이 이렇게 요긴하게 쓰일지도 그는 몰랐습니다.

이런 그를 향한 주위의 시선이 고울리가 없었겠죠? 사람들은 "요즘 개나 소나 다 고시를 보느냐"라며 비웃었습니다. 하긴 그는 학창 시절 5분도 채 책상에 앉아있기 힘들어하던 사람이었기 때문에 이런 반응들이 어쩌면 당연한 것일지 모릅니다. 이런 그가 4년 6개월 만에 사법고시에 합격했습니다. 그것도 독학으로 말입니다. 위 이야기의 주인공은《독학의 권유》의 저자 이중재 변호사입니다.

우리는 살면서 원치 않게 겪는 슬픔들이 있습니다. 항상 좋은 일만 있다면 얼마나 좋을까요. 이중재 변호사가 부상을 당하지 않았다면 어떻게 되었을까요? 우리는 알 수 없습니다. 다만 그의 삶이 '전화위복'이 되었다는 사실만은 분명합니다. 정확히 말해서 그의 꿈이 망가진 삶을 전화위복 시켰습니다. 그가 불행 중에 꿈을 붙들지 않았다면 결코 전화위복은 없었을 것입니다.

슬프고 힘든 일들이 연속해서 닥쳐올 때가 있습니다. 이때 우리는 심각해지지 않을 수 없을 거예요. 하지만 꼭 기억하세요. **꿈은 그 슬픔들이 변하여 춤이 되게 합니다. 꿈은 어떤 슬픔도 기쁨이 되게 하는 능력이 있습니다.** 꿈은 삶을 긍정하는 자에게 운명처럼 찾아오는 귀인과도 같음을 기억하기 바랍니다.

긍정으로 뒤집기

　누워있는 갓난아기의 사랑스런 모습을 본다면 누구나 아빠미소, 엄마미소가 됩니다. 그런데 아기는 절대로 그냥 있지 않아요. 옹알이도 하고, 발차기도 하고, 고사리 같은 손으로 온갖 꼼지락을 다 합니다. 이후엔 온몸을 움찔거리기도 하고, 가끔 뒤척이기 시작합니다. 그리고 그 빈도가 점점 잦아지다가 결국 뒤집기에 성공합니다. 시간이 좀 걸리는 아기도 있지만 결국 모두가 뒤집고야 맙니다. 아기는 몇 번 실패했다고 해서 절대 포기하는 법이 없습니다. '할 수 있음'을 믿어 의심하지 않는 것 같아요. 아기의 끊임없이 도전하는 모습은 긍정의 화신처럼 보일 정도입니다.

　살다 보면 우리를 주저앉게 하는 일들이 얼마나 많나요? 크고 작은 실패가 거듭되면 아예 드러눕고 싶어집니다. 일어나고 싶어도 일어날 힘이 없습니다. 우리는 이때 어릴 적 젖 먹던 힘까지 다해 뒤집기를 해야 합니다. 일단은 뒤집어야 합니다. 뒤집기에 성공한다면 일어나 걷고 뛰는 것은 시간문제입니다.

이것은 생각의 전환을 의미합니다. 잘 안될 때는 부정적인 생각에 시달리고만 있지 말고 이런저런 생각의 전환을 시도해야 합니다. 반드시 뒤집을 수 있다는 믿음으로 이것저것 해보는 거예요. 그러다 보면 반드시 돌파구가 보입니다.

여러분은 이미 갓난아기 시절의 성공 경험이 있습니다. 포기하지 않고 도전하는 가운데 결국 뒤집었어요. 그리고 걷고야 말겠다는 목표로 도전한 결과 결국 걷게 되었습니다. **이렇듯 우리 안에는 누구도 꺾을 수 없는 성공과 성장의 본능이 있는 것 같아요. 이것을 기억한다면 우리에게 찾아오는 실패는 결과가 아니라 과정이 됩니다.** 그리고 결국 여러분이 원하는 것을 성취할 수 있습니다. 자신을 향한 이런 믿음은 뒤집기(반전)를 위한 공식과도 같아요.

너무나 힘들 때 사람들은 극단적인 선택을 하기도 합니다. 하지만 '자살'을 뒤집어 보세요. '살자'가 됩니다. 사람들은 본능적으로 역경을 싫어합니다. 하지만 '역경'을 뒤집으면 모두가 알아주는 '경력'이 됩니다. 이것을 안다면 기꺼이 역경을 감당합니다. 이후 누구도 흉내 낼 수 없는 훌륭한 경력을 만들어 냅니다. '문전박대'를 당해본 적이 있나요? 정말 서럽고 억울합니다. 하지만 그것을 뒤집으면 '대박전문'이 됩니다. 대박전문이 되기 위해 문전박대는 필수 코스인지도 모릅니다. 사람들은 조금만 힘들어도 "내 힘들다"라고 말합니다.

여기저기서 "내 힘들다"라고 힘든 소리를 하는 것 같습니다. 하지만 뒤집어 볼까요? 그럼 '다들 힘내'가 됩니다. 이렇듯 긍정적인 사람은 힘든 상황 속에서도 누군가에게 희망을 외칩니다. 부정적인 사람은 '노NO'를 잘합니다. 하지만 긍정적인 사람은 그것을 뒤집어서 '온ON'을 만듭니다. '악'을 의미하는 영어의 'evil'도 얼마든지 뒤집을 수 있습니다. 그럼 어떻게 되나요? '삶'을 의미하는 'live'가 됩니다.

'중꺾마'라고들 합니다. '중요한 것은 꺾이지 않는 마음'이라는 거예요. 이런 마음의 자세는 뒤집기(반전)에 필요한 삶의 필수템입니다.

회복을 넘어 성장으로

우리가 배워야만하는 삶의 자세 중에 가장 으뜸은 무엇일까요? 긍정, 협력, 관용, 인내, 성실, 감동, 도전 등. 수없이 많은 삶의 자세들을 하나로 묶을 수 있는 것이 있다면 그것이 정답일 겁니다.

저는 그것이 '배움'이라고 생각해요. 안상헌 작가는《생산적인 삶을 위한 자기발전 노트 50》에서 "사람은 배움을 멈추는 순간부터 곧바로 퇴화한다!"라고 하였습니다. 즉 사람은 끊임 없이 배움을 유지해야 한다는 거예요. 그래야 지속적으로 발전하고 성장할 수 있으며 자신이 꿈꾸는 삶을 실현할 수 있습니다.

인생에 있어서 가장 힘써 배워야할 것이 있다면 저는 그것이 '회복'이라고 생각합니다. 최근 '회복탄력성'이라는 말을 많이 듣게 됩니다.《내 아이를 위한 감정코칭》의 저자이신 최성애 서울대 교수님은 이 주제로 교사연수프로그램을 만들기도 했어요. 그리고 많은 관심과 지지를 받았습니다. 그만큼 이 시대를 살아가는 모든 이에게 회복이라는 단어는 절실합니다.

얼마전 〈하루만 더 아프고 싶다〉라는 시를 공부했어요. 내용은 부모님이 안계셔서 할머니와 함께 사는 한 아이가 아파서 학교에 가지 못했는데 생계를 위해서 당연히 일을 나가셔야 하는 할머니가 손주를 위해 일도 안나가시고 하루종일 간호해주신다는 것이었습니다. 이런 할머니의 따뜻한 손길이 감동이 되어 아이는 하루만 더 아프고 싶다는 것이었어요. 이 아이는 몸은 비록 아팠지만 이미 마음은 회복되어 있었습니다. 부모님은 세상에 안 계시지만 그보다 더 소중한 할머니의 존재를 깨닫고 배웠던 것입니다.

어떤 방법으로든 이렇게 회복이 된다면 그것은 배움의 초석이 됩니다. 마음이 단단해지고 그 위에 멋지고 훌륭한 배움의 빌딩들을 마음껏 지어나갈 수 있기 때문이에요. 현실의 어떤 어려움도 이겨내게하는 힘이 됩니다.

삶을 살아가다 보면 여기저기에서 공들이 날아와요. 돌직구처럼 직격탄이 되어 마음에 상처를 주기도 하고, 커브처럼 우회적인 비난의 말들이 우리를 속상하게 하기도 하지요. 바로 이때 우리는 캐치볼의 원리를 사용할 수 있습니다. 밀어내듯이 잡는다든지 멍한 상태에서 잡으면 안돼요. 일단은 끌어 안듯이 수용하는 것이 좋습니다. 이런 사람은 쉽게 상처 받지 않아요. 상처가 되더라도 금방 회복합니다.

배움의 자세가 있는 사람은 이런 회복탄력성이 있어요. 그래서 어떤 상황에서도 그 배움의 속도가 줄지 않습니다. 아무리 충격적인 일이라 해도 야구공 캐치하는 것처럼 아주 부드럽고 여유있게 받아들여서 처리합니다. 그리고 배웁니다. 이런 사람은 성장하고 발전할 수밖에 없습니다.

영화 〈세 얼간이〉 주인공인 란초의 삶의 자세를 재조명해봅니다. 그는 정원사의 아들로 태어나 배움과는 거리가 멀었지요. 게다가 아버지 마저 일찍 돌아가시고 말았습니다. 하지만 그는 삶을 비관하지 않았어요. 긍정으로 무장했지만 대립관계인 차투르처럼 맹목적으로 하지는 않았어요. 삶에 대한 따뜻한 관심을 보여주었습니다. 그것은 그가 진정한 배움의 의미와 맛을 알았기 때문입니다. 이런 그의 모습은 똑같이 따라하고 싶을 정도로 매력적이었습니다.

여러분도 이런 배움의 자세를 가졌으면 합니다. 부정적인 것에 그만 끌려다녔으면 해요. 란초처럼 끊임없이 즐겁게 배우고 깨닫고 성장하는 것에 초점을 맞춘 진짜 공부를 할 수 있으면 좋겠습니다.

인생의 사막을 건너는 방법

우리의 삶은 어쩌면 사막을 건너는 것과 닮았습니다. 그런데 사막을 건너는 여섯 가지 방법이 있다고 합니다. 스티브 도나휴가 지은 책의 제목이기도 한데 그가 20대 시절 사하라 사막을 여행하면서 알게 된 깨달음의 기록입니다. 그는 파리의 매서운 추위에 질려서 한 가지 분명한 목표를 세웁니다. 그것은 그해 겨울을 뜨거운 태양이 불타는 서아프리카 해변에서 보내겠다는 것이었어요. 따뜻한 남쪽 해변으로 간다는 것 말고는 아무 계획도 없었습니다. 생사를 넘나드는 여행을 통해 그는 불확실한 인생 사막을 어떻게 건너야 하는지 지혜를 얻게 됩니다. 여기서는 두 가지만 소개하고자 해요.

⊹ 첫 번째 방법: 지도를 따라가지 말고 나침반을 따라가라

사막은 끝이 없어 보입니다. 그것을 건너는 데 얼마의 시간이 걸릴지 예측하기조차 어렵지요. 사막에서의 삶은 한 마디로 예측 불

능입니다. 그래서 사막 여행자들에게는 그들만의 규칙이 있다고 해요. 그 규칙 중의 하나가 "지도를 따라가지 말고 나침반을 따라가라"라는 것입니다.

살다 보면 삶이 지겹거나 괴로울 때가 있습니다. 삶에 지쳐서 더 이상 사막을 건너는 일에 관심을 두지 않을 수도 있어요. 사는 게 다 그런 거지 하며 안주하기도 합니다. 또는 생존 문제에만 집착한 나머지 정신 없이 달리기만 할 수도 있습니다. 이런 삶은 어제가 오늘 같고 내일도 오늘과 그리 다르지 않습니다. 이것이 나침반이 없는 삶입니다. 나침반은 우리에게 방향을 가르쳐줍니다. 방향을 찾게 될 때 비로소 현재가 의미 있게 됩니다. 삶은 속도보다는 방향이라는 말이 있습니다. 속도는 그리 중요하지 않습니다. 제대로 된 삶의 방향을 찾는다면 안심이 됩니다.

동방박사들에게는 이런 나침반이 있었습니다. 다윗의 별이 그것입니다. 그들은 별 따라 살았습니다. 진리의 별이 인도하는 대로 살았습니다. 이스라엘이 광야훈련을 받을 때는 어땠나요? 그들에게 지도가 있었던 것이 아닙니다. 그저 낮에는 구름 기둥, 밤에는 불기둥이 있었을 뿐입니다. 그것이 인도하는 대로 따라갔을 뿐입니다.

사람들이 왜 방황을 하는 것일까요? 방향을 잃었기 때문입니다. 어디로 가야하는지 어떻게 살아야 하는지 알 수 없기 때문이에요. 그렇다고 해서 지도가 필요 없다는 말은 아닙니다. 방향을 모르는 자에게 지도는 그리 의미가 없다는 것을 강조하고 있는 것입니다. 그러므로 항상 우리 마음에는 나침반이 있어야 합니다. 여기에서 나침반은 일종의 내비게이션입니다. 운전하다보면 원치 않게 잘못된 길을 갈 때가 있습니다. 그때 우리는 어떻게 하나요? 내비게이션이 가르쳐주는 방향을 봅니다. 조금 당황할 수는 있어도 불안하지는 않습니다. 내비게이션이 올바른 방향을 가르쳐주기 때문입니다. 우리 안에 이런 나침반이 있어야 비로소 여행을 즐길 수 있습니다.

그럼 이런 나침반(내비게이션)은 어디서 얻을 수 있는 걸까요? 어떻게 살 것인가에 대한 지속적인 질문을 통해 구체적인 답을 얻는 것입니다. 구체적인 삶의 목표가 곧 인생의 나침반이 됩니다.

∻ 두 번째 방법: 모래에 갇히면 타이어에서 바람을 빼라

"타이어에서 공기를 빼고 차의 높이를 낮춰라. 그러면 차가 모래 위로 올라설 수 있다!"

바람을 빼야 바퀴 표면이 넓어져 구덩이에서 나와 사막을 통과할 수 있습니다. 수영할 때는 몸에서 힘을 빼야 물에 뜰 수 있습니다. 야구할 때는 어깨의 힘을 빼야 홈런을 칠 수 있습니다. 노래를 잘 부르려면 목에서 힘부터 빼야 합니다. 주먹 쥔 손에서 힘을 빼야 악수도 할 수 있는 것입니다.

《군주론》을 쓴 마키아벨리가 이런 말을 했다고 합니다. "태초에 힘(권력)이 있었다." 힘이 있어야 평화도 유지되고, 자유도 있고 낭만도 있습니다. 하지만 힘처럼 위험한 것도 없습니다. 힘이 세지면 자신이 권력자라도 되는 것처럼 착각하여 사막에 고립되어 결국 파멸에 이르기 때문입니다. 지금까지 수많은 권력자가 이 길을 갔습니다. 우리는 의도적으로 힘을 빼야 합니다. 힘을 빼야 욕망의 구덩이에서 나와 인생의 사막을 제대로 건널 수 있습니다.

입시라는 사막도 마찬가지입니다. 역시 목표(꿈)라는 나침반에 주의를 기울여야 합니다. 혹시 모래 구덩이에 처박히기라도 한다면 몸에서 힘을 빼고 각종 나쁜 습관을 벗어버려야 합니다. 3C(선택, 조절, 집중)하면서 마음을 긍정적으로 바꿔야 합니다. 사막의 오아시스와 같은 작은 성공경험을 맛보면서 계속 목표(꿈)를 향해 나아가기를 바랍니다.

참된 공부

입시라는 단어 자체가 가진 삭막함이 있습니다. 마치 사막을 건너는 기분과 비슷한거 같아요. '공부'라는 말의 느낌도 비슷하지요. 한마디로 부정적입니다. 하지만 이런 부정적인 생각들이 배움의 기쁨을 빼앗아 가고 있는 것은 아닐까요?

잘 나가던 S전자를 뛰쳐나와 3년 동안 책만 읽은 사람이 있습니다. 약 1만 권의 책을 읽었고 이후 100여권의 책을 집필했습니다. 바로 김병연 작가입니다. 그는 한 달에 한 권씩 책을 쓸 때도 있었다고 해요. 그는 지금 작가, 강연가, 동기부여가, 독서훈련가, 1인 기업가, 유튜버 등 수많은 직업을 병행하고 있습니다. 그가 말하는 공부(배움)란 무엇일까요?

❖ 첫째, 참된 공부에는 '재미와 기쁨'이 있다.

저자는 가장 재미있는 것이 '공부'라고 자신 있게 말하고 있습니다. 공부라는 것이 매우 심오한 인간의 고차원적인 활동이기 때문이에요.

> "삶은 배움이고 배움을 통해서만 창조적인 삶에 도달하며 창조적인 삶이야말로 세상에서 가장 큰 기쁨을 안겨준다." - 《공부의 기쁨이란 무엇인가》 중에서
> "배우고 때로 익히면, 또한 기쁘지 아니한가!" - (공자)
> "참된 공부를 할 때 우리 뇌에서는 행복의 호르몬인 세로토닌이 분비된다." - 《공부하는 독종이 살아남는다》 중에서

신설동 중고 서점에서 100세 할아버지를 만난 적이 있습니다. 매일 부부가 책을 읽는다고 하셨어요. 그리고 살포시 웃으시며 이렇게 한 마디 덧붙이셨습니다. "책 읽고 공부하니까 치매도 안 걸려!"

왜 공부를 하는 사람은 나이에 상관 없이 이렇게 활기차고 열정적일까요? 공부하는 사람들에게는 '아직도 새로운 것을 배우고 있구나, 아직도 한창나이구나'라는 긍정의 메시지, 젊음의 메시지가 온몸 구석구석 전달되기 때문에 열정과 젊음이 계속 솟아난다고 합니다.

∴ 둘째, 참된 공부에는 '자기성장'이 있다.

매슬로는 욕구의 5단계에서 최상의 단계를 '자아실현의 욕구'라고 했습니다. 이것은 자기 발전을 위해 자기 잠재력을 최대한으로 발휘하고자 하는 거예요. 다른 욕구와는 달리 욕구가 충족될수록 더 커지는 경향을 보입니다. 그래서 다른 말로 '성장 욕구'라고도 해요.

장자는 "배움이 크게 이롭다는 것은 그것을 통해 자신의 기질을 변화시킬 수 있기 때문이다"라고 했어요. 즉 자기 성장이 있다는 거예요.

남에게 보여주기 위한 공부, 단순히 입시를 위한 공부가 아니라 자기 성장을 위한 공부가 필요합니다. 우리나라 공부 문화의 문제점은 너무 결과 위주라는 거예요. 물론 결과도 중요하지만, 그보다 더 중요한 것은 공부하는 자의 자세와 과정을 통해 얻게 되는 내면의 성장에 있습니다.

∴ 셋째, 참된 공부는 사람을 '위대함'으로 이끈다.

공부는 꿈의 원천이요, 기쁨의 원천입니다. 그래서 지치고 피곤한 삶에 새로운 활력과 생기를 불어넣어 주지요. 참된 공부는 결국 우리를 위대함으로 인도합니다.

다음은 우리를 위대함으로 인도해 줄 만한 멘토들의 명언입니다.

"임금이라도 공부하지 않으면 쓸모없는 인간이 될 수밖에 없다."
– 세종대왕

"백 년도 못 되는 인생, 공부하지 않는다면 이 세상에 살다 간 보람을 어디서 찾겠는가? 사람이 세상에 태어나서 책도 읽지 않고 무슨 일을 도모하겠는가?" – 정약용

"수많은 좌절과 시련에도 공부만은 포기할 수 없다. '나는 계속 배우면서 나를 갖춰 간다, 언젠가는 나에게도 기회가 찾아올 것

이다." – 링컨

"열등감과 정체성의 혼란도 공부를 이기지 못한다." – 버락 오바마

이젠 공부가 얼마나 재미있고 가치 있는 것인지 알게 되었겠죠? 모두가 이런 참된 공부를 시작하면 좋겠어요. 재미있게 공부하면서 성장의 기쁨을 맛보고, 위대한 꿈을 꾸면서 꿈을 성취해나가는 여러분이 되기를 바랍니다.

긍정으로 웰공(웰빙공부)하라

긍정은 '웰빙'과 여러 면에서 비슷합니다. 웰빙열풍은 벌써 오래되었지만 지금도 여전하지요. 웰빙은 '몸과 마음의 편안함과 행복을 추구하는 태도나 행동'을 의미합니다. 우리말로 '참살이'라고도 하지요. 한마디로 웰빙은 우리 존재가 잘 지내는 거예요.

학창 시절을 잘 보낸다는 것은 참으로 중요합니다. 여러분은 잘 지내고 있나요? 늘 그럴 수만은 없겠지요. 어찌 보면 평생 잘 지내는 법을 배워가는 것이 우리의 삶인 것 같습니다. 그래서인지 미국에서 진로 교육의 정의는 '사는 법 가르치기'입니다. 학생 편에서는 '사는 법 배우기'가 되겠어요. 웰빙적으로 다시 표현해 볼까요? '잘 사는 법 배우기!' 하지만 무엇이 잘 지내는 것인지에 대한 기준은 모호합니다. 나름의 그 기준을 배워가는 것도 포함되겠네요. 그것을 삶의 철학이라고도 합니다. 학창 시절에는 삶을 배워가는 과정이므로 감정의 기복도 많고, 두려움도 많고, 막연한 불안에 쫓기기도 하지요. 그러다가 '위기'를 만나기도 합니다.

　이때 우리에게 필요한 것은 위기관리 능력입니다.

　제법 성공적인 중학교 시절을 보내고 고등학교에 입학한 후 처음으로 저에게 위기가 닥쳤습니다. 항상 한 자리 등수에 익숙했던 제가 고등학교 첫 시험에서 세 자리 등수를 받게 된 거예요. 그야말로 쇼크였습니다.

　이때 다음과 같은 의문의 소리가 들렸어요.

　'나는 왜 이렇게 공부를 못할까?', '왜 열심히 해도 이것밖에 안 될까?', '과연 이곳에서 살아남을 수 있을까?', '대학이라는 곳을 갈 수 있을까?'….

　계속되는 의문을 꼬리 자르고 싶었지만 쉽지 않았어요. 결국 '나는 왜 지지리 가난한 집에서 태어났을까?, 왜 하필 못 배우신 부모님 밑에서 태어났을까?' 하는 의문까지 들었습니다.

　그래서 제가 답을 얻을 수 있었을까요? 오히려 나 자신이 더욱 초라하게 느껴질 뿐이었습니다. 세상의 근심을 혼자 다 떠안은 듯 처진 달팽이처럼 되었어요. 학교에 저와 비슷한 또 한 명의 처진 달팽이가 있었습니다. 그는 절망의 무게를 견디지 못해 극단적인 선택을 하고 말았어요. 큰 충격이었습니다. 하지만 한 가지 깨달음을 얻게 되었어요. '의문'만 해서는 안 되겠구나 였어요. '뛰는 놈 위에 나는 놈들이 많다'라는 것을 인정하고, 현실적인 대책을 세우는 것이 진정 나를 위한 것임을 알게 되었습니다.

그러다가 한 선생님으로부터 "나는 놈 위에 노는 놈도 있다"라는 놀라운 이야기를 듣게 되었습니다. 여기서 노는 놈이란? 재미있게 즐기면서 공부하는 것을 의미했어요. 이런 놀라운 인간이 있다는 것 자체가 저에게는 작지만 신선한 힌트가 되었습니다. 쉽게 자신을 한계 짓고 낙담하곤 했는데 가능성이라는 것이 존재할 수 있다는 것을 깨달았기 때문이에요. 이후 다음과 같은 기특한 질문을 하기 시작했습니다.

'어떻게 하면 즐거운 마음으로 공부할 수 있을까?'

'어떻게 하면 노는 것처럼 즐기면서 공부를 잘할 수 있을까?'

그렇다고 당장 차원이 다른 공부를 할 수 있었던 것은 아닙니다. 일단 올빼미형을 고집하지 않고 새벽형으로 바꾸기로 했어요. 모두가 잠든 새벽에 홀로 일어나 목욕재계를 한 후 교실동으로 발걸음을 옮기는 기분이란… 너무나 행복했습니다. 알밤으로 유명한 정안의 밤나무 숲속에서 풍기는 꽃내음이 향긋했어요. 쉼 없이 종알대는 산새들의 여유로운 날개짓을 보고 있노라면 저도 날아갈 것만 같았어요. 새벽공기도 신선했고… 캬!!

당연히 꿀공부를 할 수 있었습니다. 이렇게 재미있게 잘해보려고 노력한 결과 세 자리 등수가 한자리 등수로 변하는 기적이 일어나기도 했어요. 물론 공부 고수들 속에서 기복은 있었지요. 하지만 포기하지 않고 계속 행복한 마음으로 잘 생활했던 자신을 무척 칭찬해 주고 싶습니다.

여러분에게도 위기는 늘 있을 수 있어요. 하지만 위기관리 능력을 키

176

우기만 한다면 그것은 문제가 되지 않아요. 또한 사람은 위기를 통해 성장하기 때문에 위기를 잘 관리하다 보면 자기도 모르는 사이 힘껏 뛸 수 있고, 그러다가 신바람 나게 날 수도 있습니다. 신나게 살다 보면 놀듯이 즐기면서 웰빙하는 학창 시절이 될 수 있다고 생각해요. 그러니 긍정으로 웰공(웰빙공부)하세요!

말하는 대로

　〈말하는 대로〉는 무한도전에서 진행한 서해안 고속도로 가요제의 엔딩 곡입니다. 유재석과 가수 이적이 처진 달팽이라는 팀이름으로 같이 불렀던 노래에요. 자신의 체험적이고 고백적인 노랫말과 진솔한 꿈과 도전을 향한 외침이 매우 인상적이었습니다. 그래서 당시에 많은 사람에게 감동을 주었어요. 그래서 무한도전 영동고속도로 가요제에서도 다시 앵콜 공연되기도 했습니다. 최근 〈놀면 뭐하니?〉에서도 유재석과 이적이 이 노래를 불렀답니다.

　노래의 파급력은 여기서 멈추지 않았어요. 무한도전 10주년 기념 다시 듣고 싶은 곡 1위로 선정이 되었고, 고등학교 음악 교과서에도 실리게 되었습니다.

　〈말하는 대로〉는 약간은 우울하고 부정적인 정서가 흐르고 있는 것 같지만 그것을 뛰어넘는 강한 긍정적 메시지가 들어있어요. 말이 얼마나 중요한지 돌아보게 합니다. 잠시 몇몇 가사를 살펴볼게요.

"마음먹은 대로 생각한 대로 말하는 대로 될 수 있단 걸 알지 못했지 그땐 몰랐지."

"말하는 대로 될 수 있다고 그대 믿는다면 도전은 무한히 인생은 영원히."

그런데 이런 긍정의 노래를 부르게 한 결정적 계기는 무엇이었을까요? 그것도 노랫말에 나와 있습니다.

"그러던 어느 날 내 맘에 찾아온 작지만 놀라운 깨달음이 내일 뭘 할지 내일 뭘 할지 꿈꾸게 했지."

그리고 이런 작지만 놀라운 깨달음과 다시 찾게 된 꿈이 자기 자신을 일으켜 세웠다고 노래하고 있어요.

"생생하게 꿈꾸면 이루어진다"라는 말도 있지요. 아마 우리에게 닥쳐온 힘든 일들은 우리의 꿈을 '생생하게' 만들기 위해 주어지는 자극제 같은 것이 아닐까요? 고난과 시련은 우리의 마음을 살아있게 만드는 것 같아요. 마음이 콩밭에 있다가도 어쩔 수 없이 문제 해결을 위해 마음을 사용해야 하니까요. 서 있으면 앉고 싶고, 앉아 있으면 눕고 싶고, 누워있다 보면 자고 싶은 것이 우리의 마음입니다. 하지만 우리는 잠자기 위해 이 세상에 태어난 것은 아니거든요.

생일날 장난스럽게 "왜 태어났니? 왜 태어났니?…"라고 노래를 부르기도 합니다. 물론 장난이기는 하지만 이 또한 강력한 메시지가 있다고 생각해요. 내가 왜 태어났는지 진지하게 생각해 봐야 합니다. 굳이 고난과 시련을 찾아서 맛볼 필요까지는 없지만 그것들이 나로하여금 삶을 생각하게 하는 것은 분명합니다. 생각 없이 정신줄 놓고 놀고 쉬고 즐기고 싶어도 때로는 진짜 중요한 것이 무엇인지 찾아봐야 합니다.

그러다가 '깨달음'이라는 것을 얻게 되는 거예요. '꿈'이라는 것을 만나게 되는 겁니다. 처음부터 생생하게 꿈을 꾸면서 학창 시절을 보내는 사람은 아주 드물어요. 대부분 〈말하는 대로〉에 나오는 방황하는 시절이 있습니다. 실패하고 낙담하는 때가 있어요. 그럴수록 꿈도 간절해지겠죠? 생생하게, 절실하게 꿈꾸면서 열심히 준비하다가 어느 순간이 되면 행복하게 꿈꾸며 즐겁게 도약하게 되는 시기도 찾아옵니다.

유재석의 무명시절은 생각보다 길었어요. 그는 무척 자신만만했습니다. 학교 다닐 때부터 원래 그랬어요. 하지만 현실은 녹녹하지 않았습니다. 시련이라는 것을 많이 겪었더랬습니다. 그는 그만큼 겸손해질 수 있었고 비로소 진지하고도 간절하게 꿈꿀 수 있었어요. 그리고 지금은 명실상부 대한민국 최고의 만능 엔터테이너가 되었습니다.

생각없이 내뱉는 말 한마디가 씨가 될 수 있어요. 자신이 이렇게 생각 없이 살고있다면 의도적으로라도 자신의 꿈을 말해보세요. 긍정을 외쳐보세요. 이런 작지만 진정성 있는 노력들이 성공적인 삶을 만든다고 생각합니다.

불가능은 하나의 의견일 뿐이다

박정민 배우는 〈그것만이 내 세상〉이라는 영화로 많이 알려진 배우입니다. 저의 고등학교 후배이기도 하네요. 그도 공주 정안의 산속에서 고등학교 시절을 보냈다는 사실이 무척 신기하기만 합니다.

연기력을 인정 받은 배우가 된 그도 진로문제를 놓고 방황하던 시절이 있었어요. 중학교 3학년 때 우연히 극단 차이무의 박원상 배우를 알게 되었는데 그것이 인연이 되어 배우에 대한 막연한 꿈을 갖게 되었습니다. 하지만 꿈은… 꿈일뿐, 공부를 잘했기 때문에 고려대에 들어가게 되었습니다. 그것은 부모님이 원하시는 진로였어요. 하지만 어린 시절 가졌던 그 꿈이 꿈틀거리기 시작했습니다. 그 꿈을 포기할 수 없다는 결론에 이르게 되었어요. 그래서 무작정 자퇴서를 내고 한예종(한국예술종합학교)에 들어가게 됩니다.

입학 6개월 전에 잠시 여행을 하게 되는데 그때 떠오른 인물이 박원상 배우였다고 해요. 그때 무조건 그를 만나야겠다는 생각을 하게 되었습니다. 생각만 했을 뿐인데 서울에 도착하자 눈에 띈 것이 전봇대에 붙어있는 박원상 배우의 포스터였다는 거예요. 참 놀라운 일입니다. 그는 당장 극단에 연락을 했고 박원상 배우를 만날 수 있었습니다. 이것을 계기로 연기에 대한 꿈을 더욱 키울 수 있었다고 해요. 하지만 배우라는 직업이 쉬운 것만은 아닌 듯 합니다. 한예종 연기과를 다닐 때도 출중한 실력을 갖춘 동기들 때문에 기가 팍팍 죽었다고 하니 말입니다.

다행히 그는 영화 〈파수꾼〉으로 데뷔할 수 있었습니다. 하지만 그 후 5년 동안 무명의 시간은 계속 되었습니다. 일류대학을 그만두고 연기에 뛰어든 아들이 놀고 있었던 거예요. 이런 아들의 모습을 보는 부모의 마음이 얼마나 답답했겠습니까? 하지만 당사자는 얼마나 더 힘들었겠어요. 그 기간 잘 나가는 친구들의 소식까지 들려올 때면 '역시 될 놈은 되는구나'라는 생각이 들었다고 합니다. 스스로를 안될 놈이라고 판단했던 거예요. 그래서 그만 둘 생각까지 했지요. 하지만 그때 다행히 예상치 못한 캐스팅 제안을 받게 되었습니다. 이후 꾸준히 커리어를 쌓을 수 있었다고 해요.

그는 영화 〈그것만이 내 세상〉에서 자신의 고백적 대사를 하고 있습니다.

"불가능, 그것은 사실이 아니라 하나의 의견일 뿐이다."

무하마드 알리의 말을 인용한 대사였어요.

그가 꿈만 꾸었을까요? 아닙니다. 치열하게 노력하며 준비하는 삶을 살았어요. 영화에서 그는 자폐아로서 서번트증후군을 가지고 있었는데 놀라운 피아노 실력을 뽐냈습니다. 그는 피아노 연기를 대역을 쓰지 않았다고 해요. 5개월 동안 갈고 닦은 실력으로 직접 연주를 했다고 합니다. 그래서 많은 사람을 놀라게 했지요. 그만큼 그는 연기에 대한 열정이 남달랐습니다. 불가능은 그에게 사실이 아니라 하나의 의견일 뿐이었습니다. 그에게는 가능성을 보는 남다른 눈이 있었던 거예요. 그래서 남다른 진로에 도전을 했고 남다른 성공을 일구어 냈습니다. 그는 작가로서도 재능을 보이고 있는데요. 그의 저서《쓸만한 인간》이라는 책의 제목을 봐도 그가 쓸만한 인간이 되고자 하는 열망이 얼마나 컸는지 짐작이 됩니다.

여러분! 박정민 배우의 진로 이야기가 자극이 좀 되었나요? 우리도 할 수 있습니다. 여러분의 꿈을 생각하며 긍정으로 진로합시다!

미래를 괜찮은 것으로 만들기

《생산적인 삶을 위한 자기발전 노트 50》에 나오는 말입니다.

"지금 당장 무엇인가를 하면서 과거와는 다른 자신의 모습으로, 미래를 괜찮은 것으로 만드는건 정말 멋진 삶입니다."

'성장'한다는 것은 참 기쁜 일이에요. 여러분이 일취월장 성장한다면 부모님에게 최고의 기쁨이 됩니다. 어떤 류의 것이든 성장은 행복입니다. 그렇다면 과연 우리는 성장을 위해 무엇을 얼마나 투자하고 있나요?

우선 당장 무엇을 하고 있는지 생각해봅시다. 휴대폰을 습관적으로 들여다보면서 소중한 시간을 축내고 있지는 않나요? 순간적이고 일시적인 즐거움에만 몰두하고 있지는 않나요? 이런 자기점검이 필요합니다.

우리에게는 삶의 본질을 생각하면서 그것을 추구하는 단순한 삶의 패턴이 필요하다고 생각해요. 현실문제는 나의 의지와 무관하게 끊임 없이 우리 앞에 출몰합니다. 여유가 생기면 그때 무엇인가를 할 수 있겠지 한다면 큰 오산입니다. 나의 모든 열정을 가장 귀한 것에 쏟을 수 있는 결단(실행)이 필요해요. 그렇지 않으면 단지 먹고 살기 위해 존재하는 허무한 존재로의 추락이 불가피합니다. 결국, 성장은 없어요.

그러므로 지금 당장 무엇인가를 하는 것이 중요합니다. 나의 성장을 위해 무엇인가를 시도하는 것입니다. 긍정적인 사람은 이렇게 합니다. 그러나 대부분의 사람들은 수많은 자기계획들이 있음에도 생각만 합니다. 물론 좋은 계획을 생각하는 것만으로도 긍정적인 면이 있어요. 아무 생각 없이 시간만 축내는 삶 보다는 낫지요. 하지만 그것이 생각만으로 끝난다면 그 또한 안타까운 일입니다.

때로는 해로운 생각에 빠져있을 수도 있어요. 강력한 삶의 목적을 생각하며 그 목적이 이끄는 삶을 살지 않으면 나도 모르게 각종 욕심과 나쁜 습관에 이끌립니다. 나를 만족시키는 삶에 쉽게 빠져버리고 맙니다. 이런 잘못된 선택으로 고통당하지 않기 위해서는 생각의 방향을 계속 모니터링 해야만 합니다. 영원한 삶을 걸고 최고의 선택을 고민하듯 해야 합니다. 내 삶을 다 바쳐도 아깝지 않은 것이 무엇인지 간절히 고뇌해야 합니다.

어떻게 살 것인지 무엇을 위해 살 것인지 생각의 방향은 있는데 실행으로 옮겨지지 않는 경우도 있습니다. 그럼 왜 실행 되지 않는 것일까요? 일단, 생각이 복잡하기 때문입니다. 그래서 무엇부터 시작해야 하는지 알 수가 없어요. 생각을 실행에 옮길 마음의 힘이 없는 것도 문제입니다.

후배와 미국을 방문하던 중 공항에서 누군가 말을 걸어왔습니다. 우리가 들고 있던 가방이 트롬본이라는 것을 알아본 거예요. 그는 50대 중반정도로 보였는데 그도 동료들과 작은 오케스트라 활동을 한다고 했습니다. 어떻게 악기를 시작하게 되었느냐고 물었더니 마음에 하고싶다는 생각이 들자마자 악기전문상가로 갔다고 하더군요. 거기서 클라리넷을 구입했고, 독학으로 연주연습을 했다고 합니다. 악기에 대한 호감을 가질 수는 있어요. 하지만 이렇게 신속하게 구입을 실행에 옮기는 것은 정말 쉽지 않은 것임을 압니다. 악기라는 것이 한두 푼이 아니기 때문에 대부분 망설이기 마련이죠. 레슨을 염두에 둬야 하기 때문에 레슨 비용, 레슨 시간, 연습 시간 등을 생각하면 더 망설이게 됩니다. 그리고 과연 배워서 무엇을 할 것인지 효용성을 따져보게 되면 더더 주저하게 됩니다. 그리고 결국 포기하게 되지요. 하지만 그는 실행에 옮겼습니다. 와우! 클라리넷을 알아가며 그 매력에 푹 빠진 것 같아요. 이후 같은 목관 악기인 오보에, 바순까지 구매하게 되었다고 합니다.

이 분이 악기연주에 대한 어떤 사명감을 가졌는지는 알 수 없었지만 그의 실행력에 감탄을 금할 수 없었어요. 이민규 교수의《실행이 답이다》라는 책이 생각납니다. 무엇이 가치있는 일인지 뻔히 알면서 우물쭈물한다면… 그러다가 인생의 대부분이 흘러가버린다면 얼마나 후회가 막심할까요? 정말 성장을 원한다면 크던 작던 실행이 답입니다.

지금 우리에게 필요한 것은 과거와 다른 나의 모습으로, 나의 미래를 괜찮은 것으로 만들기 위한 실행입니다. 먼저 불필요한 삶의 잔가지들을 과감하게 잘라내야 하겠습니다. 소비적인 삶의 습관을 버려야 하고요. 하늘을 우러러 부끄러운 모습이 있다면 당장 돌이킬 수 있어야 합니다. 이것이 진정한 개혁이에요. 좀처럼 변화되지 않는다면 끈질기게 자신과 싸워야 합니다. 필요하다면 누군가의 도움을 받아 변화된 삶을 살 수 있음을 믿고 그 믿음으로 계속 도전해야 합니다. 괜찮은 것들이 내 삶 속에 열매로 나타날때까지요. 파이팅!

의문하지 말고, 제대로 질문하기

　질문에는 크게 부정적인 것과 긍정적인 것이 있습니다. 우리 자신을 바꾸기 위해서 우리는 질문의 힘을 믿고 적극 사용해야 한다고 생각해요. 왜냐하면 물음표 하나가 내 안에 잠들어있는 거인을 깨울 수도 있기 때문입니다.

　부정적인 의문은 무엇일까요? 이것은 언뜻보면 질문처럼 보입니다. 하지만 모양만 질문일뿐 사실상 신세한탄, 원망과 불평에 지나지 않아요. 자신의 한계를 한 발짝도 벗어날 수 없게 만드는 것입니다. 다음과 같은 질문들입니다.

　"친구들은 다 머리가 좋은데 왜 나는 이렇게 머리가 안좋은거지?"

　"공부는 뭣하러 하는 거야? 도대체 이런 것을 배워서 무엇을 할 수 있을까?"

　"왜 부모님은 나를 이해하지 못하시는 거지? 왜 내 마음을 알아주는 사람이 단 한 사람도 없는 거야?"

"우리 집은 왜 이렇게 가난한 거지?"

이런 질문이 의문형 질문입니다. 대부분 내용이 부정적이지요? 긍정적이라는 것은 자신이 당한 상황을 일단 기꺼이 받아들인 상태에서 실마리를 찾아가는 것이지만 의문형 질문은 그것을 거부합니다. 그럼 질문다운 질문의 내용을 볼까요?

"머리가 좋지 않지만 이것을 극복할 수 있는 방법에는 무엇이 있을까?"

"나쁜 감정에서 빠져나올 수 있는 방법은 무엇일까? 앞으로 어떻게 하면 이런 기분 나쁜 상황을 겪지 않을 수 있는 것일까?"

"나의 꿈이 현실이 될 수 있도록 하려면 어떻게 해야하는 것일까?"

"어떻게 하면 주어진 공부를 즐겁게 할 수 있을까?"

이런 질문이 좋은 것입니다. 우리의 뇌를 제대로 작동하도록 만들기 때문이에요. 그래서 이런 질문을 상위 1% 질문법이라고들 합니다. 이런 긍정적인 질문법을 활용하여 삶을 변화시킨 대표적 인물이 앤서니 라빈스입니다. 그는 고층빌딩에서 몇 가닥의 밧줄에 의지해서 창문을 청소하던 사람이었어요. 물론 이 직업을 비하하는 것은 아닙니다. 충분히 경의를 표할만한 부분이 있어요. 하지만 앤서니 라빈스 스스로가 이 일에 만족하지 못했던 것은 사실입니다. 이때 그가 사용한 것이 긍정으로 질문하기였어요. 결국 그는 수많은 사람들에게 영향력을 끼치는 행복한 삶을 살게 되었습니다.

고작 질문 하나 바꿨다고 어떻게 인생이 달라지느냐고 묻는 사람이 있는 것 같아요. 바로 이런 질문이 부정적 의문입니다.

그럼 앤서니 라빈스가 질문을 어떤 식으로 바꾸어 자신에게 적용했는지 알아보겠습니다.

"오늘은 어디에서 누구랑 맛있는 걸 먹는다지?" → "내 몸에 좋은 음식은 어떤 것일까?"

"또 실패하면 어떻게 하지?" → "실패에 대한 두려움을 없애려면 어떻게 해야할까? 어떻게 하면 성공할 수 있을까?"

"뭐 이런 친구가 있지? 너무 재수 없는 거 아냐?" → "배울만한 게 하나도 없는 친구지만 사소하더라도 배울만한 점은 있지 않을까?"

"이 친구한테 또 상처 받으면 어쩌지?" → "이 친구가 나의 평생 친구가 될 수도 있지 않을까?"

이런 질문을 통해서 앤서니 라빈스는 1년 만에 17킬로그램을 감량할 수 있었습니다. 그는 자기 분야의 책 700권을 섭렵함은 물론 각종 세미나에 참석하여 배움을 이어갔습니다. 이를 통해 다른 강사보다 10배나 많은 강연을 감당할 수 있었지요. 그래서 단 1년만에 10년의 경력을 가진 베테랑으로 성장할 수 있었습니다. **그가 모든 사람을 존경심을 가지고 진정성 있게 대하자 사람들도 그를 존경하게 되었**

어요. 그는 《네 안에 잠든 거인을 깨워라》라는 책을 써서 지금도 많은 사람들에게 긍정적인 영향을 끼치고 있답니다. 이 모든 것이 질문 방식을 바꿨기 때문에 얻게 된 결실이었어요.

이젠 결론이 났지요? 스스로에게 부정으로 의문하지 말고, 긍정으로 질문하기 바랍니다. 이런 상위 1퍼센트 질문법이 일상이 되도록 연습하세요. '어떻게 하면 여러분의 삶을 긍정적으로 변화 시켜서 결국 성공적으로 이끌게 될까요?'

스토리가 이긴다

"최고가 아니라, 유일함으로 승부하라!"

《스토리가 스펙을 이긴다》라는 책에 나오는 말입니다. 스펙은 'specification'의 줄임말이에요. 직장을 구하거나 입시를 치를 때 필요한 학점, 토익점수, 자격증, 학벌 등을 의미합니다. 많은 사람이 화려한 스펙을 쌓기 위해 치열하게 경쟁하고 있어요. 그런데 이런 스펙보다 더 중요한 것이 '스토리'라는 것입니다. 저자는 스토리야말로 스펙열풍 속에서 살아남을 뿐만 아니라 최고의 경쟁력이 된다고 주장하고 있어요.

그럼 스토리가 어떤 점에서 그토록 경쟁력이 있는 것일까요? 저는 스토리 자체에 이미 그 사람만의 '탁월함'이 들어있다고 생각해요. 그 탁월함 때문에 이기는 것입니다.

혹시 '인적자원'이라는 말을 들어보셨나요? 이 말은 사람을 하나의 자원으로 생각하는 거예요. 너무 쇼킹하지요? 어떻게 사람을 일개 상품 처럼 생각할 수가 있는 걸까요? 상품성이 떨어진다 싶으면 그게 아무리 사람일지라도 언제든 버림 받을 수 있다는 것이잖아요? 하지만 이렇게 버려질 수 있는 것이 현실입니다. 그래서 최근에는 비슷비슷한 스펙경쟁에 대해 부정적인 반응이 나타나기 시작했다고 해요.

"스토리는 어떤 시대에도 패배하지 않는다"라는 말이 있어요. 사람은 누구나 자기만의 이야기를 하고 싶고, 다른 사람들의 독특한 이야기를 듣고 싶어하기 때문입니다. 그래서인지 저도 학생들을 가르치면서 이런 스토리의 힘을 많이 느낍니다. 학생들에게 받은 편지 내용에는 공부에 대한 것 보다는 제가 해준 이야기 내용들이 훨씬 많았거든요.

그럼 이런 자기만의 독특한 이야기는 어떻게 만들어지는 것일까요?

성공과 실패의 굴곡에서 나온다고 생각해요. 사람들은 누구나 경쟁사회에서 쓰디쓴 실패의 경험을 안고 살아갑니다. 하지만 실패는 다 같은 실패가 아닌 듯해요. 물론 실패와 좌절 속에 허우적 거리기만 하는 사람도 있지만, 그 가운데서 값진 교훈을 건지는 사람들도 분명 있거든요.

혹시 세일즈 청년 폴포츠의 성공 이야기를 들어본 적 있나요? 그는 투박한 외모와 어눌한 말투 때문에 힘든 어린 시절을 보냈어요.

가정형편도 넉넉하지 못했습니다. 음악이 유일한 낙이었지만 그마저 질병 때문에 지속할 수 없었어요. 그는 꿈을 잃은 채 그저 생계를 위해 세일즈를 하고 있었지요. 그가 이런 암담한 현실을 탓하며 계속 불평만 했다면 어떻게 되었을까요? 그는 여전히 평범 이하의 불행한 삶을 살 수 밖에 없었을 거예요.

그러나 그는 뒤늦게 자기만의 탁월성을 발견했습니다. 그리고 그 탁월성에 승부를 걸었어요. 그 결과 영국의 오디션프로그램에서 당당히 우승을 할 수 있었습니다. 그의 스토리는 전 세계 많은 이들에게 감동과 희망을 선사했어요. "긍정이 걸작을 만들어낸다"라는 말처럼 어떤 상황 속에서라도 자신을 긍정하고, 가족을 긍정하고, 상황마저도 긍정하면 예상치 못한 '보이지 않는 손'이 그 사람의 길을 인도하는 것 같아요. 그래서 전에는 볼 수 없었던 새로운 가능성과 기회를 볼 수 있게 해주고, 도전하고자 하는 열정 또한 갖게 되는 것입니다.

내리막길은 혈당을 내리고, 포도당에 대한 내성을 증가시킨다고 합니다. 오르막길도 트리글리세리드라는 혈중 지방을 없애준다고 해요. 내리막길과 오르막길 모두 나름의 유익이 있다는 것입니다. 우리의 삶도 마찬가지에요. 삶의 내리막길과 오르막길 모두 유익이 있습니다. 이것을 깨닫는다면 우리는 삶의 내리막이라 할 수 있는 실패조차도 겁내지 않을 수 있지 않을까요?

물론 순간순간 힘들 수도 있어요. 하지만 힘든 것에서 멈추면 안 됩니다. 그게 어떤 감정인지 알아차린 후 그것에 질서를 부여해야 합니다. 다양한 색깔들이 뒤죽박죽 섞인다면 탁한 색깔이 나오지만, 색깔에 질서가 부여된다면 생각지 못한 예술작품이 나오기 때문이에요.

그러므로 우리가 반복하는 성공과 실패의 경험을 잘 관찰해야 합니다. 긍정의 눈으로 살피다 보면 어느 순간 나만의 스토리가 보이기 시작합니다. 그것을 잘 가꾸다보면 결국 나만의 독특한 스토리가 되는 거예요. **하나 뿐인 소중한 여러분의 삶 속에 여러분만의 독특한 삶의 스토리가 창조될 수 있길 바랍니다.**

4장

긍정 진로의
대가

긍정이 탁월함을 만든다

　《나는 탁월함에 미쳤다》의 저자 공병호 씨는 1인 기업가의 선두 주자입니다. 책 제목부터가 범상치 않죠? 탁월함에 사무친 저자의 일대기를 살펴보는 것은 무척 설레고 흥미로운 일이었습니다. 저에게도 탁월해지고자 하는 마음의 열망이 있었기 때문입니다.

　책에는 저자가 오늘날 성공자의 자리에 있기까지 겪은 숱한 인생 역경들이 잘 나타나 있어요. 그가 느꼈을 인생의 고독과 냉혹한 현실이 안타까웠습니다. 하지만 곧이어 독수리처럼 절망의 자리를 박차고 새롭게 비상하는 그의 삶이 참 멋지게 느껴졌답니다. 하지만 그의 성공은 하루아침에 된 것이 아니었어요. 그의 탁월한 노력 덕분이었습니다. 그는 인생의 가뭄 시절에 절망만 하지 않았어요. 열심히 꿈(성공)의 씨앗을 뿌렸습니다. 그가 어려움의 시기를 잘 극복하자 그 씨앗이 대박을 터뜨렸습니다.

　공병호 씨를 통해 불광불급不狂不及이라는 사자성어가 떠올랐습니다. 그는 과연 탁월함에 미쳐있었어요. 그럼 우리는 무엇에 미쳐야 할까요? 미치긴 해야겠는데 무엇에 미쳐야할지를 몰라 미치겠다고요?

그가 말하는 탁월함이란 자기만의 최고의 전문성을 의미해요. 어디에 내놔도 부끄럽지 않은 스펙, 실력, 스토리를 말하는 것 같습니다. 저는 삶이 바쁘기만 하고 그래서 늘 허겁지겁할 때면 교사로서 아주 허탈했어요. 부족한 자기 모습이 많이 부끄럽더라고요. 하지만 교사로서 최고의 전문성을 꿈꾸는 순간 놀라운 일이 벌어졌습니다. 어디를 향해 뛰어야 할지 알게 되었어요. 구체적인 실행 계획을 세웠고 한 걸음 한 걸음 전진하게 되었습니다.

탁월함은 긍정의 최고봉인 것 같아요. 자신을 최고로 긍정할 때 다다를 수 있는 것이 탁월함이기 때문입니다. 공병호 씨는 100여 권의 책을 저술할 정도로 열심히 공부하고 연구하며 탁월함에 자신의 인생을 걸었습니다. 탁월함에는 당연히 탁월한 노력이 필요해요. 하지만 그에 대한 분명한 꿈과 소원만 있다면 노력이 어렵지만은 않다고 생각해요.

여러분의 학창 시절도 어른들의 치열함 못지않습니다. 어두운 터널을 지나는 심정일 수 있어요. **아무리 긴 터널도 결국 끝이 있다는 확신이 필요합니다. 이런 긍정적인 자세가 여러분을 탁월함의 세계로 이끌어 줄 것입니다. 지금을 긍정의 눈으로 바라볼 때 결국 나만의 희망을 찾을 수 있거든요.**

안창호의 호, 도산島山은 바로 이런 것이었어요. 그는 어둡고 험난한 일제 치하에서 지식인으로서의 책임감을 느꼈습니다. "누군가 하겠지", "잘 되겠지"라는 입에 발린 긍정을 말하지 않았어요. 대신 그는 몸소 도산이 되어 조국에 희망이 되고자 결심하게 되었습니다. '도산'은 망망대해에서 표류하는 암울한 조국의 현실 속에서 누군가는 희망이 되어야 한다는 뜻이었어요. 이후 그는 아무나 할 수 없었고, 하지 않았던 일들을 실행에 옮겼습니다. 그는 결국 선한 영향력을 끼치는 탁월한 독립지사가 될 수 있었어요.

우리에게도 이런 '도산' 같은 존재가 필요하다고 생각해요. 우리를 탁월함의 세계로 이끌어 주는 일종의 본보기와도 같습니다. 여러분의 도산은 누구인가요?

긍정이 이끈 위대한 사람들

긍정은 힘이 있습니다. 그래서 긍정적인 사람은 영향력이 있을 수밖에 없어요. 내 주위에 이런 긍정적인 사람들이 많다면 그는 정말 행복한 사람입니다. 반면 주위에 부정적인 사람들이 많을 수도 있어요. 그렇다고 실망하지는 마세요. 여러분이 그들에게 긍정이 될 수도 있으니까요. 이렇게 부정적인 상황에서도 포기하지 않고 긍정적인 영향을 받아 탁월하게 된 위대한 사람들의 이야기를 해볼까 합니다.

먼저 기억해야 할 것이 있어요. '내리 사랑'이라는 말이 있잖아요. 누군가에게 사랑을 잘 받아본 사람이 그 사랑을 누군가와 잘 나눌 수 있다는 것입니다. 그러므로 '나 혼자만의 힘으로 이 어두운 세상을 밝히겠다'처럼 하지는 마세요. 억지 긍정이 될 수 있습니다. 우리는 일종의 '전달자'입니다. 태양광이 햇빛을 받아들여서 그 힘으로 에너지를 만들고 누군가에게 에너지를 보내듯이, 식물들이 자연에서 받은 햇빛과 이산화탄소와 수분으로 광합성을 하여 신선한 산소와 푸르름을 인간과 동물에게 제공하듯이… 우리도 그렇게 해야 하는 것입니다.

바보 온달이 훌륭한 장군이 된 것은 혼자만의 힘으로 된 것이 아니었어요. 그가 평강공주의 도움을 잘 받아들였으므로 변화될 수 있었던 것입니다. 평강공주는 온달을 바보 취급하지 않았어요. 대신 그의 위대한 점을 발견한 후 이렇게 칭찬해 주었습니다.

"온달 님은 힘이 세고, 성실하시니까 노력하면 반드시 훌륭한 장군이 될 수 있을 거예요."

이 긍정의 한 마디가 바보 온달을 변화시켰습니다. 평강공주의 온달에 대한 기대와 신뢰가 그를 훌륭한 장군으로 만들었던 거예요.

레오나르도 다빈치에게는 누가 긍정의 인물이었을까요?

그의 할머니였다고 합니다. 레오나르도 다빈치는 어린 시절 친구들에게 왕따당하기도 했고 엉뚱한 실수를 자주 저지르기도 했습니다. 이런 별 볼 일 없을 것 같은 손자에게 할머니는 이렇게 말씀하셨다고 해요.

"레오나르도야, 너는 무슨 일이든 할 수 있어. 할머니는 너를 믿는다."

결국 레오나르도 다빈치는 모두가 알다시피 위대한 화가가 되었어요. 그는 심지어 건축, 기계, 해부학 분야에서도 탁월한 업적을 남길 수 있었습니다.

패션 디자이너로 유명한 앙드레 김에게 결정적 영향을 끼친 사람은 누구였을까요?

초등학교 때의 미술 선생님이었다고 합니다. 당시 앙드레 김의 그림을 보고 이렇게 극찬했다고 해요.

"와우! 그림이 매우 독창적이고 창의적이구나."

앙드레 김은 이런 선생님의 기대에 부응하고자 예술가가 되고자했고, 결국 세계적인 패션 디자이너가 될 수 있었습니다.

사실 위와 같은 사례는 수없이 많습니다. 다 열거하기가 어려울 정도지요. 이렇게 가능성을 믿어줄 때 그 기대에 부응하고자 노력하게 되고, 결국 그렇게 되는 것을 '피그말리온 효과'라고 합니다. 간단히 이 심리학 용어를 설명하면 다음과 같아요.

피그말리온이라는 조각가가 있었어요. 그는 여성을 혐오했기 때문에 평생 독신으로 살고자 했습니다. 그러다가 우연히 한 여자를 조각하게 되었어요. 그런데 조각상이 너무 아름다워서 사랑에 빠지고 말았습니다. 그는 조각상을 사랑하는 연인을 대하듯이 했어요. 아름다운 옷을 입혀도 주고, 진주목걸이도 걸어주었으며, 손가락에는 예쁜 반지까지 끼워줄 정도였지요. 그는 자신이 할 수 있는 모든 정성을 작품에 쏟았습니다. 그리고 이렇게 기도했어요. "신이시여, 저작품의 여성이 제 아내가 되게 해주세요." 신께서 그의 기도를 들어

주셨는지 그는 작품에서 생기있는 눈, 따뜻한 체온이 느껴지는 손과 입술을 느낄 수 있었다고 합니다.

'가능성을 믿어줄 때 그 기대에 부응하고자 노력한다!'

결국 기대와 신뢰가 사람을 위대하게 할 수 있다는 것입니다. 우리는 모두 누군가에게 이런 피그말리온이 될 수 있어요. 자신을 기대하고 신뢰할 수도 있고, 누군가를 이런 긍정의 마음으로 대할 수도 있습니다. 이렇게 누군가에게 위대한 영향력을 끼칠 수 있다는 사실이 놀랍지 않나요? 모두 긍정이 이끄는 위대한 삶을 살 수 있으면 좋겠습니다.

긍정적인 사람들의 High-Five

긍정적인 사람들의 공통점은 다음의 다섯가지 하이파이브High-five로 정리할 수 있습니다.

✛ High-one: 목표를 향해 끊임없이 도전한다.

긍정적인 사람들에게는 항상 크고 작은 목표가 있어요. 그들은 그것을 성취하고자 부단히 노력합니다. 그만큼 진취적이에요. 그래서 얻게 된 성공 경험이 많습니다. 물론 모든 목표가 성취되는 것은 아니기 때문에 실패 경험도 많을 수밖에 없지요. 하지만 이미 맛본 성공 경험은 그런 부정적인 감정을 극복하고도 남을 만큼 짜릿합니다. 그래서 계속 목표를 향해 도전합니다.

✛ High-two: 실패를 실패로 보지 않고 배움의 기회로 생각한다.

긍정적인 사람들은 실패를 통해서도 항상 무엇인가를 배웁니다.

실패를 통해 자신이 고쳐야 할 것이 무엇인지, 목표를 어떻게 수정해야 하는지 배우고자 해요. 이렇게 실패마저도 배움의 기회로 생각하기 때문에 긍정적인 사람들에게는 사실상 실패가 없는 셈입니다. 실수가 고쳐지고, 약점이 보완되며, 실패는 극복되는 삶을 사는 거예요. 그래서 이들의 삶은 늘 성장할 수밖에 없습니다.

❖ High-three: 스스로에게 솔직하고 정직하다.

긍정적인 사람들은 자신의 실수를 겸손하게 받아들입니다. 실수를 두고 이탓저탓하지 않아요. 철학자 니체가 이렇게 말했다고 하죠? "핑계와 변명은 쓰레기통에 쳐 넣어라!" 긍정적인 사람들은 이렇게 변명하거나 합리화하지도 않습니다. 그들에게는 자신의 부족함을 솔직하게 인정하는 용기가 있습니다. 머지않아 성장하고 성공할 것을 믿기 때문에 그 과정을 즐길 수 있는 마음의 여유가 있는 거예요.

❖ High-four: 남과 비교하지 않는다.

긍정적인 사람들은 자신을 다른 사람과 비교하느라 쓸데없는 에너지 소모를 하지 않습니다. 그들은 '비교'의 해로움을 알고 있어요. 누군가와 비교당할 때의 기분 알죠? 그 열등감, 비교 의식은 뼈가 썩는 고통을 줍니다. 남과 치열하게 비교하다가 그를 이기기라도 하면 잠시 기분이 좋을 수는 있어요. 하지만 긍정적인 사람은 그 과정 자체가 무척 불행하다는 것을 알고 있습니다. 그래서 굳이 비교하지 않아요. 긍정적인 사람은 자기만의 존재 의미를 찾고자 노력합니다. 결국 그는 자존감이 높을 수밖에 없지요.

✢ High-five: 스스로 동기부여를 한다.

이것은 내적동기라고도 해요. 다른 사람에 의해서 좌지우지되는 삶이 아니라 자기 주도적인 삶을 살아갑니다. 자기주도성은 2022 교육과정의 핵심역량 중 하나에요. 누구나 삶 속에서 힘든 장애물을 만날 수 있습니다. 대부분의 사람은 이런 부정적인 상황에 지배당하곤 하지요. 어쩔 수 없다고 생각하는 거예요. 하지만 긍정적인 사람은 스스로 그 장애물을 뛰어넘어야만 하는 이유를 찾아요. 공부를 어쩔 수 없이 하는 것이 아니라 해야만 하는 이유를 스스로 찾는 거예요. 그래서 더 열심히 할 수 있게 되는 것입니다.

링컨의 '괜찮아'

　미국인들이 가장 존경하는 인물은 누구일까요? 바로 에이브러햄 링컨입니다. 노예해방을 이끈 위대한 대통령이지요. 저도 링컨을 존경합니다. 제가 특별히 존경하는 세종대왕만큼이나 배울 점이 많은 것 같아요. 그만큼 그는 영향력이 큰 인물입니다.

　물론 링컨은 능력이 많고, 키도 크고… 나름 운도 따랐던 것 같아요. 그리고 결정력이라고 해야할까요? 가장 중요한 순간에 대통령이 되어 역사적인 업적을 남겼습니다.

　링컨은 1809년 미국 켄터키주 가난한 시골 마을에서 태어났어요. 그런데 1816년 링컨의 가족은 파산하고 말았어요. 그리고 그의 나이 불과 아홉 살이 되던 1818년에는 그의 사랑하는 어머니가 사망했습니다. 1831년에는 그가 하던 사업마저 파산하게 되었지요.

　이후 링컨은 본격적으로 정치에 입문하게 됩니다. 하지만 연이은 실패와 좌절이 그를 기다리고 있을 줄은 꿈에도 몰랐어요.

1832년 주 의회 선거에 출마했으나 결과는 낙선이었습니다. 1833년에는 친구에게 빌린 돈으로 다시 사업을 시작했지만 결과는 역시 파산이었어요. 이듬해 1834년에는 그의 약혼녀마저 사망하게 되었습니다. 계속되는 실패와 상실감으로 건강에도 문제가 생겨 1836년 신경쇠약으로 정신병원에 입원하기도 했어요.

완전히 나락으로 떨어진 것 같았던 링컨은 놀랍게도 1838년에 주 의회 대변인 선거에 도전하게 됩니다. 그리고 보란 듯이 낙선합니다. 1840년에도 정부통령 선거위원에 출마했지만 또 낙선하게 되지요. 그의 낙선 퍼레이드는 여기서 멈추지 않습니다. 1843년 하원의원 선거에 출마했지만 또 낙선이었고, 1848년 하원의원 선거에서도 낙선, 1849년 고향의 국유지 관리를 희망했지만 그마저 거절당했으며, 1854년 상원의원 선거 낙선, 1856년 부통령 후보 지명선거에서도 낙선이었습니다. 1858년 상원의원 선거에 재출마했지만 역시… 낙선.

이쯤 되면 모든 것을 포기할 만합니다. 창피해서라도 정치를 그만두어야 할 것 같아요. 그와 가까운 사람들은 그가 자살이라도 할까 봐 눈에 보이는 모든 위험한 물건들을 감추었다고 합니다. 링컨도 사람인데 왜 안 힘들었겠어요. 하지만 그는 늘 오뚝이처럼 다시 일어났어요. 마치 마음에 자동회복장치라도 있는 것처럼 그는 회복되었습니다. 긍정적인 사람의 전형적인 특징이라고 생각해요. 놀랍게도 그는 1860년에 대통령 선거에 출마했고 거짓말처럼 당선되었습니다. 그의 불굴의 노력과 무한한 긍정심에 대해 하이파이브로 축하해주고 싶네요.

링컨의 비하인드 스토리

그는 다시 실패했다는 부정적인 소식을 듣게 될 때면, 곧바로 음식점으로 달려갔다고 해요. 거기서 맛있는 것을 실컷 먹었습니다. '그 상황에서 그게 입으로 넘어갈까?'라고 생각하겠지만 그가 할 수 있는 작은 긍정을 맛보면서 힘을 냈던 것 같아요. 그뿐만 아니라 그는 이발소에도 들러서 스타일을 살리고 기름까지 발라서 기분전환을 했다고 합니다.

이후 링컨은 스스로 이렇게 외쳤다고 해요. "링컨! 다시 힘을 내자!"

그는 이렇게 고백합니다.

"내가 걷는 길은 험하고 미끄러웠다. 그래서 나는 자꾸만 미끄러져 길바닥 위에 넘어지곤 했다. 그러나 나는 곧 기운을 차리고 내 자신에게 말했다. '괜찮아, 길이 약간 미끄럽긴 해도 낭떠러지는 아니야.'"

링컨은 이런 식으로 자신을 긍정하면서 힘을 냈습니다.

늘 최악을 생각하는 사람들이 있습니다. 이들을 우리는 부정적인 사람이라고 해요. 하지만 최악보다는 최선을 택하는 사람들이 있는데 이들이 긍정적인 사람입니다. 링컨은 이렇게 긍정으로 살았고 긍정으로 꿈을 이루었던 인물이었습니다.

링컨은 '왜 나는 계속 실패만 할까?' 하고 의문을 품기 보다는, '어떻게 하면 실패를 딛고 일어나서 다시 도전할 수 있을까? 그리고 어떻게 하면 성공할 수 있을까'라고 질문하기를 잘했습니다. 그래서 그는 항상 다시 일어나서 도전하는 삶을 살 수 있었고, 마침내 성취할 수 있었던 거예요.

혹시 여러분에게 힘든 일들이 있나요? 그럼 링컨처럼 말해보세요.

"괜찮아, 미끄럽긴 해도 낭떨어지는 아니야! 툭툭 털고 다시 일어나서 해보는거야."

이순신의 진짜 긍정

어린 시절 이순신 장군은 하는 일마다 실수투성이였어요. 한마디로 문제아였습니다. 믿을 수가 없다는 여러분의 반응이 느껴지는 것 같아요. 이순신은 요즘으로 말하면 대학입시에서 여러 번 떨어진 끝에 간신히 턱걸이로 대학에 들어간 것과 같았습니다. 그때 그의 나이 서른두 살이었어요. 당시의 평균 수명이 마흔쯤이었다고 칩시다. 그걸 생각한다면 이순신은 늦어도 한참을 늦은 거예요. 남들 다 결혼해서 아이 낳고 승진해서 자리를 잡은 중년이 되었을 때 겨우 사회 초년생이 되었던 것이니까요.

더구나 이순신의 가문은 전통적인 문반 집안이었어요. 이런 그가 무과를 택했으니 가문에 먹칠을 한 셈이었습니다. 요즘 부모 눈으로 보자면 정말 길이 안 보이는 답답한 아이였을 거예요.

그가 처음부터 무관으로서 재능을 발휘했던 것은 아닙니다. 나이

오십이 되어서야 천재성을 발휘하게 되었으니 그때까지 어떠했겠어요? 남들 눈에 얼마나 한심하게 비쳤겠습니까? 하지만 이순신은 이런 힘든 과정을 잘 참고 버텼어요. 그리고 때가 되자 기다렸다는 듯이 위대한 활약으로 시대를 구원하였습니다.

하지만 만약 이순신이 자신의 진로를 집안의 가풍(문반의 길)을 따라 결정했다면 어떻게 되었을까요? 또는 (무관)과거시험에 거듭 낙방하다가 지쳐서 진로를 포기했다면 어떻게 되었을까요? 아마도 우리나라의 역사가 다시 쓰였을 것입니다. 지금 대한민국이 존재하지 않았을 지도 모를 일이에요. 물론 지금은 이순신이 우리나라 최고 영웅의 반열에 올라 있지만 이런 빛나는 결과보다 더 빛나는 그의 삶의 자세에 관심을 가져야 한다고 생각해요. 그의 대표적인 말에 그 자세가 드러납니다.

∻ "신에게는 아직도 열두 척의 배가 남아 있습니다!"

이순신은 억울한 옥살이를 해야 했습니다. 다행히 풀려나서 전투에 투입되었는데 상황은 말이 아니었어요. 전열은 흐트러졌고, 군인들의 사기도 바닥을 치고 있었습니다. 남아있는 배조차도 제대로 된 것을 찾기가 어려울 정도였어요. 이런 상황에서 긍정을 외치는 것은 비정상 같아 보였습니다. 하지만 놀랍게도 이순신은 임금에게 올리는 상소문에 다음과 같이 적었어요.

"신에게는 아직도 열두 척의 배가 남아 있습니다."

이순신은 '열두 척 밖에'라고 하지 않았어요. '아직도 열두 척'이라고 했습니다. 그는 섣불리 승리를 말하지 않고, 다만 죽을힘을 다해 싸우고자 했어요. 여기에서 우리는 그의 절대 긍정을 배웁니다. 긍정은 '다 잘될 거야. 그러니 걱정하지 마'가 아니에요. 분명 불리한 상황에 부닥쳐 있는데도 굳이 그것을 유리하다고 좋게 생각하는 것도 긍정이 아닙니다. 상황을 있는 그대로 받아들인 후 승리를 위해 최선을 다하는 것이야말로 진짜 긍정이에요. 이런 이순신의 긍정이 위대한 승리를 낳았다고 생각합니다.

열두 척밖에 남지 않았던 것은 사실 참담한 상황이었어요. 하지만 그는 이것을 부정적으로만 보지 않았습니다. 삶의 밝은 부분을 보고자 애썼으며 이런 플러스 발상으로 새로운 힘과 용기와 에너지를 얻을 수 있었어요.

그의 이런 긍정적 자세는 평소 실력이었습니다. 어느 날 갑자기 툭 튀어나온 능력이 아니었어요. 그가 쓴 《난중일기》를 보면 유독 긍정적인 표현이 많다는 것을 알 수 있어요. "이 난리 중에서도 다행한 일이다", "이것만도 다행이다", "그런대로 완전하니 기쁘다", "기쁘고 다행이었다", "심하게 타지 않아 다행이다"와 같이 이순신은 긍정적으로 기록하고자 노력했습니다. 이것을 보면 그가 위기 속에서도 희망을 보고자 얼마나 투쟁했는지 알 수가 있어요.

우리에게도 삶의 어두운 부분은 얼마든지 있어요. 하지만 삶의 밝은 부분까지도 볼 수 있어야 합니다. 그래야 자포자기에 빠지지 않을 수 있어요. 나아가 뭔가 할 수도 있겠다는 희망을 볼 수 있어요. 상황이 불가능에 가깝다 해도 도전할 수 있는 것입니다.

÷ "살고자 하는 자는 죽을 것이요, 죽고자 하는 자는 살 것이다!"

살고자 한다는 것은 무슨 의미일까요? 누구나 살고자 하지 않나요? 그게 잘못된 것일까요? 당연히 그렇지 않죠. 죽을 위기에 처했을 때 당연히 누구나 살고 싶어 합니다. 하지만 "살고자 한다고 정말 살 수 있는 것인가?"라고 질문을 해봐야 해요. 살기 위해 힘든 것을 피한다면 결국 다 죽게 될지도 모르는 것이니까요. 하지만 그런 상황에서 죽기를 각오하고 최선을 다해 싸운다면 승리할 가능성은 커집니다. 이순신은 이것을 잘 알고 있었어요. 그의 이런 긍정리더십은 결국 통했습니다. 승리는 그의 것이 되었어요.

스스로 보기에도 자신이 답답해서 긍정의 싹조차 안 보인다고 느껴지나요? 그렇다면 자신을 이순신이라고 생각해 보세요. 그리고 이순신처럼 말하고 행동해 보세요.

"저는 아직도 청춘입니다", "저에게는 아직도 젊음이 있습니다", "저에게는 아직 열정이 있습니다", "저에게는 아직 기회가 있습니다", "죽기 아니면 까무러치기라고 했어요. 죽을힘을 다해 노력하면 나아질 겁니다", "실패는 바느질할 때 쓰는 단어 아닌가요? 제 사전에 실패는 없습니다. 성공을 향해 쭈욱 전진할 뿐입니다."

나이를 잊은 긍정의 대가, 커넬 샌더스

한 60대 노인이 국도 옆에서 식당을 운영하고 있었습니다. 25년 전에 이 길을 지나는 운전자들이 배가 고프겠다는 것에 착안하여 시작했어요. 식당은 성공적이었습니다. 그런데 이게 웬일일까요? 어느 날 갑자기 가게가 위치한 국도 옆으로 우회도로가 생긴 거예요. 일종의 지름길이었습니다. 당연히 사람들은 그 길을 이용했고, 식당의 매출은 확 줄어버렸습니다.

1년 뒤 더 큰 불행이 닥쳤어요. 새로운 국도건설 계획이 발표되었는데 현재의 국도를 아예 없애고 새 국도를 건설한다는 것이었습니다. 결국 그는 파산하게 되었어요. 이런 날벼락이 어디에 있을까요? 그야말로 혼란이었고 당연히 식당은 정리해야 했어요. 빚을 갚고 나니 10만 원 정도가 남았습니다. 당시 그의 나이 65세였습니다. 마흔이나 쉰 정도라면 뭘 해볼 수도 있겠습니다. 하지만 이 나이에 무엇을 할 수 있을까요?

하지만 그는 마음에 소망이 하나 있었습니다. 그것은 세계 수십 개국에 엄청난 가맹점을 갖고 있는 사업가가 되는 것이었어요. '그렇게 되면 참 좋겠다'라고 생각하는 수준이었습니다. 그러다가 자신의 그 소망이 현실이 되는 것을 생각해 보았습니다. 하얀 도화지에 그림을 그리듯 마음속에 그리고 또 그렸습니다. 하루에도 수십, 수백 번을 그렇게 반복했습니다. 그러자 놀라운 일이 벌어졌습니다. 가슴 속에서 뭔가 뜨거운 것이 꿈틀하는 것이 느껴졌습니다. 진정한 꿈이 생기는 순간이었어요. 마음에 진정한 꿈이 자라자 몰라보게 생기가 생겼습니다. 아무 대책 없는 빈털터리라는 현실은 그대로였지만 마음만은 행복했습니다.

이후 그는 절망의 자리를 툭툭 털고 일어났어요. 그러고는 즐겁게 콧노래를 부르면서 일을 시작했지요. 마음이 살아나자 오히려 감사했다고 해요. 생각해보니 우회도로와 새 국도가 생기지 않았다면 죽을 때까지 안주하면서 그럭저럭 살았을 것입니다. 25년 동안 편안할 수는 있었지만 솔직히 가슴 뛰는 일이라고는 하나도 없었거든요. 하지만 그는 절망 속에서 꿈을 만나게 되었고 비로소 도전하는 가슴 뛰는 삶을 시작하게 되었습니다.

계속해서 즐거운 마음으로 꿈을 꾸자 마침내 훌륭한 아이디어를 갖게 되었습니다. 하지만 오랫동안 투자자를 만날 수가 없었습니다. 그는 노숙자와 같은 생활을 해야 했지만 절망하지 않았어요. 수백 번 거절을 당해도 절망하지 않았습니다. 그는 무려 1001번의 거절을 당했고, 마침내 1002번째 도전 끝에 투자자를 만날 수 있었습니다. 그리고 그의 꿈대로 세계 수십 개국에 가맹점을 둔 사업가가 될 수 있었습니다. 그의 이름이 궁금하다고요? 그는 바로 켄터키 프라이드 치킨KFC의 설립자인 커널 샌더스입니다.

긍정은 원하는 것want이 실제로 이루어지게 하는 힘이 있습니다. 그래서 긍정의 믿음이 있으면 창조적인 삶을 살게 됩니다. 긍정의 믿음은 한마디로 진정성 있는 꿈입니다. 꿈이 있다면 현재 보이는 것이 아무것도 없다 할지라도 미래를 생생하게 바라볼 수 있어요. '드림렌즈' 덕분입니다. 그래서 절망하지 않고 기쁨으로 계속 도전할 수 있어요. 샌더스의 삶이 그랬습니다.

샌더스는 사업가였습니다. 우리는 그가 사업가로서 어떻게 성공할 수 있었는지 배웠어요. 우리도 저마다 성공하는 생활을 해야 할 것입니다. 무엇보다 학생으로서 성공해야 해요. **그렇다면 먼저 믿음으로 꿈을 꾸는 것부터 시작해야 합니다. 우리의 마음이 뜨거워질 때까지 생각하고 또 생각해 보기 바랍니다.** 생각하는 것만으로도 마음이 행복해진다면 진정한 꿈이 생겼다는 뜻입니다. 그 꿈으로 도전하세요!

김연아 선수가 흘린 긍정의 눈물

김연아 전 피겨스케이팅 선수는 우리나라가 배출한 위대한 피겨 스케이팅 영웅입니다. 우리는 그녀가 멋진 연기로 금메달을 딴 영광스러운 장면만을 기억하는 것 같아요. 하지만 그 과정은 어땠을까요? 수 없이 넘어지면서 엉덩방아를 찧어야 했습니다. 김연아 선수의 연습 영상에는 눈물을 뚝뚝 흘리는 그녀의 모습이 나옵니다. 반복되는 점프 실수 때문에 너무 힘들었던 거예요.

그녀가 부정적인 사람이었다면 벌써 포기하고 말았을 겁니다. 하지만 그녀는 다시 일어났어요. 그리고 또 도전했습니다. 자신의 실수를 긍정했던 거예요. 기꺼이 인정하고 받아들였습니다. 그리고 언젠가는 잘 해낼 수 있을거라 생각했을 거예요.

하지만 김연아 선수는 올림픽 한 달 전에 뜻밖의 부상을 당하게 되었습니다. 매우 당황스러웠지요. 그녀는 부정적인 감정에 시달리며 천국과 지옥을 오락가락할 수도 있었습니다. 하지만 이때 긍정적인 생각이 그녀의 멘탈을 붙잡아 주었어요.

'부상은 항상 있었어. 위기도 항상 있었던 거야. 이 고비를 잘 넘기면 반드시 괜찮아질 거야!'

이런 스스로에 대한 믿음이 있었기 때문에 전혀 불안하지 않았다고 그녀는 고백했습니다. 그러자 몸의 회복도 아주 빨랐다고 해요. 오히려 이것을 통해서 잘 되겠다는 확신을 얻게 되었다고 했습니다.

브라이언 코치는 이런 연아에게 항상 똑같은 말을 했다고 해요.

"너는 준비가 됐고, 무엇을 해야 할지 알고 있다."

준비됐다는 것은 최선을 다했다는 뜻입니다. 즉 너는 잘할 수 있다는 의미였어요. 그동안 충분히 연습했고 모든 것을 준비했으니 너는 즐기면서 실력을 발휘하라는 메시지로 들립니다.

마침내 처음 쇼트프로그램을 마친 후 그녀는 한 가지를 느꼈어요. 그것은 자신도 놀랄만한 건방진 생각이었다고 했습니다. 궁금하죠? 바로 '올림픽 별거 아니네!'였어요.

그녀는 그만큼 올림픽이라는 부담감을 털어낼 수 있었습니다. 그래서 이후 준비한 만큼 실력 발휘를 할 수 있었어요. 그녀는 세계 신기록을 세우면서 당당히 금메달을 목에 걸 수 있었습니다.

흔히 스포츠는 자기 자신과의 싸움이라고들 말합니다. 그녀의 긍정이 이 싸움을 승리로 이끌었다고 해도 과언이 아니에요. 그런데

220

이런 그녀가 경기 후 눈물을 흘렸습니다. 소리까지 내면서 엉엉 울고 말았어요.

이 눈물의 의미는 무엇이었을까요? 자신을 위해 애써준 수많은 사람에 대한 감사일 수도 있겠고, 스스로가 대견해서 흘리는 눈물일 수도 있어요. "No sweat, no sweet"라고 했지요. 그동안 흘린 땀만큼이나 달콤한 자기 모습에 감동을 했을 수도 있습니다.

다음은 김연아 선수의 말입니다.

"99도까지 열심히 온도를 올려놔도 나머지 1도를 더 올리지 못한다면 결코 물은 끓지 않는다. 물을 끓게 하는 것은 그 마지막 1도이다. 포기하고 싶은 바로 그 1분을 참아내는 것이다."

그녀라고 왜 포기하고 싶지 않았겠어요. 못 먹고, 못 놀고, 못 쉬고… 하지만 그녀는 참았습니다. 자신의 꿈을 위해! 순간순간 눈물을 흘렸지만 금메달을 딴 순간에도 그녀는 눈물을 흘렸어요. 눈물은 꼭 약한 사람이 흘리는 것은 아닙니다. 자신을 믿고 참고 마침내 꿈을 이루었을 때 흘리는 감동의 눈물도 있는 거죠. 그런데 그 눈물이 더 센 거 같아요. 많은 사람을 감동의 도가니에 빠뜨리니까요.

외팔이 농구선수 잭 호드스킨스

미국의 플로리다 대학 농구팀은 농구 명문 중의 하나입니다. 그런데 이 팀이 외팔이 농구선수를 스카우트했었습니다. 주인공은 밀튼이라는 시골의 고교생 잭 호드스킨스였습니다. 이 일은 당시 큰 화제가 되어 〈뉴욕타임스〉에 기사가 실릴 정도였습니다.

잭은 태어날 때부터 한쪽 팔의 팔꿈치 아래쪽이 없었습니다. 그런데도 그는 농구선수가 되고 싶었습니다. 인간적으로 볼 때 불가능한 꿈이었어요. 손을 주로 사용하는 농구에 있어서 치명적인 약점이었기 때문입니다. 그냥 취미 삼아 하는 것은 이해가 되겠지만 농구 선수가 된다는 것은? 글쎄요….

하지만 잭은 자신에게 없는 것으로 인해 좌절하지 않았습니다. 그는 연습을 택했습니다. 최선을 다해 연습하느라 좌절할 시간이 없었는지도 모르겠습니다. 공을 안 뺏기기 위해 더 낮게 드리블하는 법을 연습했고, 한 손으로 정교한 슛을 넣을 수 있도록 피나는 연습을 했습니다. 잭의 아버지에 의하면 잭은 어린 시절 손끝에서 매일 피가 날 정도로 드리블과 슛 연습을 했다고 해요. 그래서 늘 잭의 손에 붕대를 감아줘야 했다고 회상했습니다.

그 결과 잭은 이미 6살 때 바람 같은 스핀 무브로 상대 수비수를 속일 줄 알았고, 11살 때는 다니던 중학교에서 경기당 31득점을 퍼붓기도 하였습니다.

미국 조지아 고등학교 시절에는 슈팅 가드로 뛰었습니다. 시즌 평균 득점은 12점이었어요. 3점 슛 평균 성공률은 60퍼센트에 달했습니다. 한쪽 팔로 3점 슛 10개를 던져서 7개를 성공시킨 경기 영상을 유튜브에서 감상할 수 있습니다. 영상에는 상대의 허를 찌르는 돌파와 날카로운 어시스트로 상대 팀을 교란하는 잭의 모습이 나옵니다. 잭을 상대하는 팀들은 대부분 잭의 이런 빠른 드리블과 정확한 슛에 놀랐습니다. 반칙을 사용해야만 겨우 막아낼 수 있었기 때문이에요. 한 손으로 던지는 자유투는 너무 정확해서 대부분 막을 수가 없었습니다.

바로 이런 잭의 강점을 약점보다 더 높이 평가했기 때문에 농구 명문인 플로리다 대학이 주저하지 않고 그를 영입했던 것입니다.

잭은 자신의 비법을 이렇게 고백했습니다.

"한쪽 팔이 없다는 것이 농구선수에게는 치명적인 약점입니다. 하지만 저는 그것 때문에 기본기를 더 튼튼하게 다질 수 있었습니다. 그게 저의 비법입니다."

내가 가진 것으로 충분합니다. 그것으로 얼마든지 승리하는 삶을 살 수 있습니다. 약점을 바라보며 절망하기보다 나에게 있는 강점을 바라보면서 그것으로 도전해야 합니다. 내가 가진 약점이 때로는 강점이 될 수 있음도 믿어야 합니다. 머지않아 이렇게 생생하고 절실하게 꿈꾸는 자에게만 길을 열어준다는 '꿈길'을 만나게 될 것입니다.

할 수 있다 생각하고 도전하기

《발로 쓴 내 인생의 악보》라는 책으로도 유명한 한 발의 디바, 바로 레나 마리아입니다. 그녀는 태어날 때부터 두 팔이 없었어요. 다리 한 쪽은 아주 짧았습니다. 부모님은 이런 그녀가 스스로 할 수 있는 일이 없을거라 생각했어요. 하지만 그렇지 않았습니다. 어린 레나는 항상 밝게 웃었고, 씩씩했으며, 의욕적이었고, 자립적이었습니다. 이런 딸의 모습에 부모님은 크게 안심할 수 있었지요. 이후 딸이 보통 아이들과 똑같이 생활할 수 있도록 각종 적응교육을 했습니다.

이런 부모님의 열성 덕분에 레나는 건강하게 잘 성장할 수 있었습니다.

수영을 좋아했던 레나는 육체적인 장애에도 불구하고 열심히 수영하였습니다. 그러다가 장애인 올림픽인 패럴림픽 국가대표로 선발되기까지 했어요. 올림픽에 출전하는 것만도 대단하고 영광스러운 일입니다. 그런데 한 개도 아닌 네 개의 금메달을 따내는 쾌거를 이루어내기도 했습니다.

레나는 여기서 머무르지 않았어요. 노래에도 관심이 많았고 나름대로 소질도 있다 생각했지요. 그러다가 우연히 사람들 앞에서 노래 부를 기회가 생겼습니다. 그리고 그것을 계기로 가스펠송 가수로서의 활동을 시작하게 되었습니다. 나중에는 정상인보다 더 왕성한 가수 활동을 할 수 있었습니다. 그리고 마침내 그녀는 희망을 노래하는 긍정의 대명사가 되었어요. 그녀는 스웨덴뿐만 아니라 전 세계를 누비며 노래로 감동을 전했습니다. 콘서트를 할 때면 한쪽 다리로 오래 서 있어야 해서 큰 부담이 되었습니다. 호흡과 발성도 쉽지 않았어요. 하지만 그녀 특유의 긍정심으로 극복할 수 있었습니다. 세계 언론은 레나의 노래를 '천상의 음악'이라며 극찬하기도 했습니다. 레나의 자서전에는 이런 글이 있습니다.

"나는 두 팔이 없습니다. 한쪽 다리도 짧아서 제대로 걸을 수가 없습니다. 하지만 나는 한 발로 십자수도 할 수 있고, 요리도 할 수 있습니다, 물론 피아노도 칠 수 있습니다. 운전도 할 수 있고, 성가대 지휘도 할 수 있지요. **전에는 쓸모없는 사람이라고 생각한 적도 있었답니다. 하지만 이제는 아니에요. 저는 쓸모 있는 사람입니다. 여러분은 멀쩡한 두 팔과 두 다리를 가지고 있으니 더 많은 일을 훌륭하게 할 수 있을 겁니다.**"

자신을 쓸모없는 사람이라 생각하는 사람들이 많은 것 같아요. 하지만 레나 마리아처럼 당장 하고 싶고 할 수 있는 것을 해보기 바랍니다. 한 번 도전 해보는 거예요. 도전은 참으로 행복하고 아름다운 일입니다. 쓸모 있는 자신을 발견하도록 도와주기 때문이에요. 도전하다 보면 자신이 얼마나 소중한 사람인지 깨닫게 됩니다. 이런 과정 속에서 결국 누구도 흉내 낼 수 없는 나만의 훌륭한 삶의 스토리가 만들어지는 것입니다. 그러니 지금 당장 해보세요! 무엇이든 할 수 있다 생각하고 도전해 보세요! 바로 지금!

로저 배니스터의 긍정

'1마일을 4분 안에 돌파하기'는 수백 년 동안이나 불가능한 것으로 간주했습니다. 의학자들은 만약 인간이 이렇게 달린다면 그의 심장과 신체 기관들이 심각하게 손상될 것이라고 했어요. 관절도 부러지고 근육과 인대, 힘줄도 찢어지게 될 것이라고 경고했지요.

하지만 로저 배니스터는 보란 듯이 이 기록을 돌파했습니다. 그가 성공할 수 있었던 진짜 이유는 무엇이었을까요? 물론 달리기 연습을 열심히 했을 것입니다. 하지만 그가 다른 선수들보다 더 열심히 했기 때문만은 아니었어요. 단순히 열심히 하다 보니 어쩌다가 기록을 깬 것도 아니었어요.

그가 성공할 수 있었던 가장 큰 이유는 바로 '할 수 있다'라고 생각한 것이었습니다. 그는 누구도 생각하지 않았던 것을 생각했고, 그것을 달성하기 위해 도전했어요. '나는 1마일을 4분 안에 주파할 수 있다' 라는 생각을 수없이 반복했다고 합니다.

여러분은 로저 배니스터가 워낙 능력이 출중하기 때문이라고 생각할 수도 있어요. 하지만 그렇지 않습니다. '수백 년 동안이나 못했기 때문에 앞으로도 못 한다. 절대 할 수 없어. 죽어도 못해!'라고 모두가 생각하고 있었거든요. 절대 뛰어넘을 수 없는 마의 기록이라고 모두가 인정하고 있었어요. 마치 모두가 집단으로 부정적 고정관념에 사로잡혀 있었던 것처럼 말이죠.

하지만 주목할 만한 사실은 배니스터가 그 마의 기록을 깨뜨리자 1년도 안 되어 37명이나 4분 기록을 깼다는 것입니다. 더 놀라운 것은 그 이후에 일어났어요. 이제는 웬만한 육상선수들은 다 할 수 있는 평범한 기록이 되었습니다. 무려 수백 명의 선수가 그 벽을 넘게 되었어요.

이것이 우리에게 시사해 주는 것은 무엇일까요? '생각'이 중요하다는 것입니다. '할 수 있다'라는 생각이 능력이 되어 기록으로 나타났기 때문입니다. 이 지점에서 많은 것을 느껴야 한다고 생각해요. '할 수 있다'라고 생각하면서 하는 것과 그냥 연습하는 것은 하늘과 땅만큼이나 큰 차이가 있습니다.

다른 선수들은 배니스터가 해내는 것을 직접 본 다음 '나도 할 수 있겠다'는 확신을 하고 연습했을 것입니다. 결국 그 생각이 성취되어 현실로 나타났던 거예요. 이렇듯 생각은 가장 강력하고 창조적인 에너지를 우리에게 줍니다. 우리의 성공과 실패를 좌우하는 것은 바로 '생각'입니다.

여러분도 배니스터처럼 성과를 만들어 내고 싶죠? 불가능에 도전해서 성공적인 삶을 살고 싶죠? 그렇다면 '나도 할 수 있다'라고 크게 외쳐보세요. 구체적인 기록, 점수 등을 정해서 외치면 더욱 좋습니다. 긍정적인 생각이 여러분의 능력을 최대치로 끌어올려 줄 것입니다.

장승수 변호사의 긍정진로

'막노동꾼 출신 서울대 수석 합격자', '막노동일꾼에서 변호사로 승천하다!', '전설의 흙수저', '우리 시대 개천의 용 법조인', '공부가 가장 쉬웠던 남자', '인생 역전의 대명사'….

모두 장승수 변호사에게 붙여진 수식어들입니다.

그는 실로 흙수저였어요. 가정형편이 어려워 달동네를 전전해야 했지요. 초등학교 시절에는 아버지가 돌아가시면서 형편이 더욱 어려워졌습니다. 그래서 홀어머니는 안 해본 장사가 없었는데 그마저 번번이 실패하면서 기초생활수급자가 되기도 했습니다.

고등학교 시절에는 공부에 흥미를 잃고 매일 술, 담배를 하며 싸움을 일삼는 불량청소년이 되기도 했어요. 고등학교 졸업 후에는 다행히 기초생활수급자를 대상으로 하는 직업훈련 덕분에 굴착기 운전을 배웠고 조수로 일할 수 있었습니다. 이후 신문 보급소 총무, 오락실 관리원, 물수건 배달원, 심지어 막노동까지 하며 살았습니다.

그는 가난과 작은 키 때문에 무시당하기도 했어요.

 그는 꽤 정직하고, 성실하며, 책임감이 강한 사람이었습니다. 어머니를 생각하는 마음과 동생을 챙기는 형으로서의 모습이 남달랐어요. 일반적인 불량청소년 같지는 않았습니다. 감당할 수 없는 삶의 무게 때문에, 때로는 부정적 감정에 이끌려 주먹다짐하기도 했고, 이른 나이에 술, 담배도 했지만 그것은 일시적 일탈 같았어요. 하긴 막노동으로 생계를 이어야 했으니 삶이 거칠어질 수밖에요.

 그러다가 오토바이 사고가 났습니다. 응급실에서 서러움의 눈물을 흘리던 중 우연히 대학에 가고 싶다는 생각이 들었어요. 평생을 이렇게 밑바닥 인생으로 살 수만은 없다고 생각했습니다. 나름 간절한 꿈을 갖게 되었어요. 이후에도 가난 때문에 돈을 벌어가며 공부해야 했지만 꿈을 향해 뚜벅뚜벅 나아가는 그의 모습이 무척 멋졌습니다. 하지만 형편없는 고교내신(10등급 중 5등급) 때문에 번번이 고배를 마셔야 했습니다.

 그는 공부를 힘든 고행으로 여기지 않았어요. 그가 쓴 책《공부가 가장 쉬웠어요》의 제목만 봐도 알 수 있습니다. 정말 공부가 쉬웠다는 말일까요? 너무 머리가 좋아서였을까요? 그건 아닌 것 같아요. 그의 아이큐는 114에 불과했거든요. 평범 그 자체였습니다. 오히려 학창 시절 공부에 소홀했기 때문에 모든 과목의 기초가 부족한 상태였어요.

그런데도 그는 모든 상황을 긍정했습니다. 그리고 기초부터 시작했어요. 이렇게 제대로 공부하게 되면서 재미를 맛보게 되었습니다. 교과서를 통해 세상을 알아가는 재미가 있었다고 해요. 그 재미 때문에 공부가 쉽게 느껴졌다는 것이었어요. 그러자 억지로 외우고, 인상 쓰면서 공부하지 않았습니다. 이해되지 않는 과학의 원리는 직접 실험을 해볼 정도로 공부에 대한 열정이 있었어요. **그는 '왜?'라는 질문을 던졌고, 답을 얻어가는 즐거움을 만끽했습니다. 그러자 그의 성적은 일취월장하게 되었어요.**

하지만 그의 5등급 내신이 항상 그의 발목을 잡았고 5년째 낙방의 쓴맛을 맛봐야 했어요. 그런데 평소처럼 막노동하고 있던 날, 그에게 희소식이 날아들었습니다. 대입제도가 바뀌면서 고교졸업 5년이 지나면 수능점수로 비교 내신을 산출하게 된 것입니다. 결국 그는 서울대학교 법과 대학에 수석으로 합격하게 되었습니다.

세종처럼 다산처럼

☆ 첫째, 운명에 굴하지 않는 긍정의 히스토리메이커

사실 세종(충녕)은 왕이 될 수 없었습니다. 첫째 형이었던 양녕대군이 이미 오래전에 세자로 책봉 받았기 때문입니다. 둘째 형인 효령대군도 있었기 때문에 왕이 될 가능성은 제로에 가까웠어요. 아무리 형제여도 자칫 잘못 처신했다가는 큰 봉변을 당하기 일쑤였습니다. 그래서 그는 평생 식물인간처럼 살 수밖에 없었어요. 얼마나 지루하고 무의미한 삶입니까? 하지만 세종은 이런 운명적인 상황을 탓하지 않았어요. 운명에 굴복하지 않고 오히려 적극적으로 대처했지요. 우선, 탐욕스러울 정도로 책을 읽고 공부하였습니다. 그는 공부가 얼마나 재미있는지 알고 있었던 거예요. 공부에 지치면 각종 악기연주에 심취했고, 자연 속에서 화초를 감상하면서 자연의 이치도 깨닫게 되었습니다. 세종은 이런 식으로 자신의 삶을 풍요롭게 만들었어요. 그 덕분에 예기치 못하게 왕이 되었을 때 준비된 왕으로서 큰 영향력을 발휘할 수 있었습니다. 과연 하늘은 스스로 돕는 자의 편이라는 생각이 들지 않나요?

　누구에게나 운명적인 환경은 있습니다. 완벽한 조건을 갖추고 태어난 사람은 없어요. 저도 한때 가난한 가정환경, 못 배우신 부모님, 외모에 대한 열등감으로 운명 탓, 부모 탓을 하였습니다. 하지만 이것은 어떻게 받아들이느냐의 문제라는 것을 알게 되었어요. 도전하고 개척하고 정복하는 자에게 삶의 주도권이 주어진다는 것을 깨닫게 된 것입니다. 그러자 무척 재미있는 일들이 많이 일어났습니다. 성적이 오르는 것은 물론, 많이 행복해졌습니다. 여러분도 세종대왕처럼 운명에 굴하지 않고 행복을 창조해 나가는 히스토리메이커가 되면 좋겠습니다.

　세상에는 양녕과 충녕의 두 부류가 존재하는 것 같아요. 양녕에게도 충녕 이상의 능력과 자질이 있었을 것입니다. 그러나 그는 자신의 본성에 기초한 충동적이고, 감정적인 삶을 선택하였습니다. 그는 헤아릴 수 없는 용서의 사랑을 아버지 태종으로부터 받았지만 결국, 그 사랑을 헛되이 하고 말았습니다.

　하지만 세종은 감정과 본성보다는 이성을 선택하였습니다. 일찍이 배움의 기쁨을 깨달은 그는 끊임없이 자신을 되돌아보며 자기계발하였습니다. 양녕스타일은 결국 버림을 받습니다. 그가 왕이 되었다면 조선의 역사가 비극적인 결말을 맞게 되었을지도 모릅니다. 그러나 다행히도 역사는 충녕의 손을 들어주었습니다. 충녕은 왕이 되었고, 역사에 한 획을 그은 위대한 왕으로 기록되었습니다.

　우리의 내면에는 이런 양녕과 충녕, 두 자아가 살고 있다고 생각해요. 즉 누구나 무한대의 가능성을 지니고 있지만 문제는 양녕과 같은 부정적인 기질을 어떻게 관리하고 다스리느냐가 관건이라는 것입니다. 허전함, 답답함, 피곤함, 고독이 있을 수 있습니다. 하지만 이것은 쾌락적 문화가 아니어도 건전한 삶의 문화를 통해서 얼마든지 극복할 수 있음을 기억해야겠어요. **기회는 현실을 긍정하는 자, 동시에 꿈을 준비하는 자에게 주어지는 것입니다.**

⫶ 둘째, 멈추지 않았던 다산의 절대긍정

다산 정약용은 누가 보더라도 유배지에서 비참한 세월을 보내다가 허무하게 생을 마감할 수밖에 없는 운명이었습니다. 그의 귀양은 18년이나 계속되었습니다. 그러나 그는 그곳에서도 배움의 일을 멈추지 않았습니다. 그는 책 읽기와 책 쓰기에 오롯이 집중하였습니다. 인간적으로 불행한 일이 닥친 것은 분명했지만 이런 외적 환경은 그로 하여금 《목민심서》를 비롯한 500여 권이 넘는 주옥같은 저서를 남길 수 있도록 하였습니다.

다산은 유배지에서 아들에게 보내는 편지에 '학문의 본질'을 기록하였습니다.

"폐족이 글을 읽지 않고 몸을 바르게 행하지 않는다면 어찌 사람 구실을 하겠느냐? 폐족이라 벼슬은 못 하나 성인聖人이야 되지 못하겠느냐?"

이 한마디는 그가 불행 중 깨달은 보석 같은 깨달음이었고, 상황이 어떠하든 인생 전체를 꿰뚫는 긍정의 철학이었습니다. 그는 이 깨달음을 아들과 나누면서 그가 먼저 온전한 사람이 되어 사람의 구실을 잘할 수 있도록 진로교육을 했던 것입니다.

다이애나 홍은 《세종처럼 읽고 다산처럼 써라》에서 주옥같은 삶의 자세를 이야기합니다. '세종처럼', '다산처럼'은 어떤 기술적인 것이 아니에요. 그들의 삶의 자세를 강조하는 것입니다. 단순히 자신을 몰아붙이는 것으로는 이런 자세를 갖기 어렵습니다. 세상을 알고, 나 자신을 알면 이후 어떻게 살아야 하는지 자연스럽게 깨닫게 되는 법입니다. 역사가 토인비는 "역사는 인간의 도전과 응전의 결과"라고 하였습니다. 세상은 거친 파도처럼 도전적으로 다가옵니다. 이에 위축되거나 좌절될 수도 있지만 다산의 도전을 생각해보십시오. 그의 도전은 다소 소극적인 듯 보입니다. 무술을 연마하고, 체력을 길러, 탈옥 후 세상을 전복하고자 할 수도 있었을 것입니다. 그것이 더 멋져 보이고 영웅답다고 생각할 수도 있습니다. **하지만 그는 자신만의 강점으로 운명적인 불행을 지혜롭게 대처하여 행복을 창조하였습니다.**

우리가 알고 있는 위인들은 저마다 위대한 점이 있습니다. 그들의 훌륭한 인품과 삶의 자세를 내 것으로 잘 소화한다면 우리도 얼마든지 잘할 수 있습니다. 일단 현재를 긍정하세요! 절대긍정의 자세를 멈추지 마세요! 처음엔 힘겨울 수 있어요. 하지만 조금씩 나아가다보면 어느덧 힘이 생길 거예요. 그리고 마침내 힘차게 날갯짓하며 꿈을 향해 비상할 수 있을 것입니다.

도서

- 고은정 지음, 「하루 한 줄 마음산책」, 문예춘추사, 2016
- 김광호 지음, 「영웅의 꿈을 스캔하라」, 21세기북스, 2010
- 김정진 지음, 「독서불패」, 크레랑, 2001
- 김주환 지음, 「회복탄력성」, 위즈덤하우스, 2019
- 김병완 지음, 「생각의 힘」, 프리뷰, 2013
- 김병완 지음, 「10대, 뜨거워야 움직이고, 미쳐야 내 것이 된다」, 서래북스, 2017
- 김병완 지음, 「40대, 다시 한 번 공부에 미쳐라」, 함께북스, 2012
- 김상운 지음, 「1등의 기술」, 램덤하우스, 2007
- 김동환 지음, 「너의 성공 유전자를 깨워봐」, 시간과 공간사, 2010
- 공병호 지음, 「부자의 생각, 빈자의 생각」, 해냄, 2006
- 다이애나 홍 지음, 「세종처럼 읽고 다산처럼 써라」, 유아이북스, 2013
- 문용린 지음, 「부모들이 반드시 기억해야 할 쓴소리」, 갤리온, 2006
- 문중호 지음, 「우리아이에게 정말 필요한 것은」, 유아이북스, 2015
- 이중재 지음, 「독학의 권유」, 토네이도, 2011
- 이시형 지음, 「세로토닌하라!」, 중앙북스, 2010
- 이시형 지음, 「공부하는 독종이 살아남는다」, 중앙북스, 2009
- 이지성 지음, 「행복한 달인」, 다산라이프, 2008
- 이지성 지음, 「18시간 몰입의 법칙」, 맑은소리, 2004
- 이민규 지음, 「끌리는 사람은 1%가 다르다」, 더난출판, 2005
- 김정태 지음, 「스토리가 이긴다」, 갤리온, 2011
- 조우석 · 김현정 지음, 「꿈을 이루는 6일간의 수업」, 한언, 2009

- 차동엽 지음, 「무지개 원리」, 국일미디어, 2012
- 스티븐 코비 지음, 「성공하는 사람들의 7가지 습관」, 김영사, 2003
- 존 고든 지음, 「에너지 버스」, 쌤앤파커스, 2007
- 데일 카네기 지음, 「링컨 당신을 존경합니다」, 함께 읽는 책, 2003
- 나폴레온 힐 지음, 「내 안의 기적을 깨워라」, 국일미디어, 2002
- 파울로 코엘료 지음, 「연금술사」, 문학동네, 2018
- 스티븐도나휴 지음, 「사막을 건너는 여섯 가지 방법」, 김영사, 2011

기사

- 〈'현실적 낙관주의!! 스톡데일 패러독스를 아시나요?' 다음백과 에듀윌 시사상식〉, 에듀윌 상식연구소
- 연합뉴스 2012.12.15. 일자
- 한재욱 목사, 국민일보 겨자씨
- 〈'한 손으로 농구를'..외팔이 고교 농구 선수 화제〉 연합뉴스, 2012년 12월 15일
  이윤미 기자/meelee@heraldcorp.com- 헤럴드 생생뉴스 Copyrights

웹사이트

- 채정호 유튜브
- 네이버 블로그, 문암
- difficult roads lead to beautiful destinations
- 유퀴즈온더블럭, tvN

꿈을 이루는 긍정의 마법

1판 1쇄 인쇄 2024년 7월 5일
1판 1쇄 발행 2024년 7월 10일

지은이 문중호
펴낸이 이윤규

펴낸곳 유아이북스
출판등록 2012년 4월 2일
주소 서울시 용산구 효창원로 64길 6
전화 (02) 704-2521
팩스 (02) 715-3536
이메일 uibooks@uibooks.co.kr

ISBN 979-11-6322-147-0 (43190)
값 15,000원